"異"なるものと出遭う

揺らぎと境界の心理臨床学

田中崇恵 著

若い知性が拓く未来

　今西錦司が『生物の世界』を著して，すべての生物に社会があると宣言したのは，39歳のことでした。以来，ヒト以外の生物に社会などあるはずがないという欧米の古い世界観に見られた批判を乗り越えて，今西の生物観は，動物の行動や生態，特に霊長類の研究において，日本が世界をリードする礎になりました。

　若手研究者のポスト問題等，様々な課題を抱えつつも，大学院重点化によって多くの優秀な人材を学界に迎えたことで，学術研究は新しい活況を呈しています。これまで資料として注目されなかった非言語の事柄を扱うことで斬新な歴史的視点を拓く研究，あるいは語学的才能を駆使し多言語の資料を比較することで既存の社会観を覆そうとするものなど，これまでの研究には見られなかった溌剌とした視点や方法が，若い人々によってもたらされています。

　京都大学では，常にフロンティアに挑戦してきた百有余年の歴史の上に立ち，こうした若手研究者の優れた業績を世に出すための支援制度を設けています。プリミエ・コレクションの各巻は，いずれもこの制度のもとに刊行されるモノグラフです。「プリミエ」とは，初演を意味するフランス語「première」に由来した「初めて主役を演じる」を意味する英語ですが，本コレクションのタイトルには，初々しい若い知性のデビュー作という意味が込められています。

　地球規模の大きさ，あるいは生命史・人類史の長さを考慮して解決すべき問題に私たちが直面する今日，若き日の今西錦司が，それまでの自然科学と人文科学の強固な垣根を越えたように，本コレクションでデビューした研究が，我が国のみならず，国際的な学界において新しい学問の形を拓くことを願ってやみません。

第26代　京都大学総長　山極壽一

"異"なるものと出遭う

目　次

序章　異者を問う
　——脱自己中心的な1つの試み ………………………………………… 1

　　可知の領域と不可知の領域　1
　　民俗学・文化人類学における「異人」論　2
　　心理臨床における異者への視点　3
　　フロイトの『不気味なもの』　4
　　臨床心理学に現れる異者　6
　　心理臨床の内から「異者」を問う——本書で目指されること　8
　　語る主体は異者にある——心理臨床の方法論　9
　　本書の構成　11

第1部　心理臨床における異者

第1章　"異"なるもの《病い》
　——キョウカさんの夢に訪れた異者 …………………………………… 19

　　1　「それ」が訪れるとき　19
　　2　「他者」と「異者」　21
　　3　異者としての病い　31
　　4　「外で何かが起こっている」——事例1　キョウカさんの夢　38
　　5　超越のもたらす変容　45
　　6　意図を超える訪れ　48

第2章 "異"なるもの《身体》
—— 「ひとところにいられない」と語るマミさんとの面接過程より ……… 51

 1 自分の身体が異者になるとき 51
 2 心理臨床と身体 53
 3 世界とつながる身体——**事例2** マミさんの身体観 58

第3章 異界との出会い
—— 「リストカットをやめたい」と訴えるトウコさんとの面接過程より ……… 75

 1 異界への誘(いざな)い 75
 2 異界についての先行研究 76
 3 解離的な世界への亀裂——**事例3** トウコさんのテーマ パークXと被災体験 83
 4 異界とは何だったのか 97

第2部　「わたし」と異者

第4章 異者と創造性 ……… 103

 1 創造という未知の領域へ 103
 2 芸術家・名和晃平の語り 111
 3 体験の語りから見えるもの 128
 4 「もの」を創るということ 134

第5章　異者体験に迫る
──非臨床群大学生・大学院生への調査から ……………………………… 137

  1 異者は我々のそばにある 137
  2 誰にも体験しうる「異者」──質問紙による調査 138
  3 異者体験の語りを聞く──面接調査 157
  4 異者といかに関わるか 163

第6章　「わたし」の中の異者と出遭う ……………………………… 167

  1 「わたし」という異者 167
  2 「わたし」が揺らぐということ 168
  3 「わたし」の揺らぎを調査する 174
  4 異者が引き起こす自己融解と再統合のダイナミズム 186

終章　"異"なるものから問われる
──死・生成・境界と心理臨床 ……………………………………… 199

  「体験される運動体」としての異者との出会い 199
  「わたし」の死と〈わたし〉の生成──臨床性との関わり 202
  境界への視座 205
  異者への不断のアプローチ 210

引用・参考文献 213
初出一覧 221
あとがき 223
索引 227

序章　異者を問う
脱自己中心的な1つの試み

可知の領域と不可知の領域

　想像してみてほしい——初めて訪れる土地，鬱蒼とした森，夜の暗闇。そこに立ち入れば心細く，突然にその不気味さ，恐ろしさをあらわにする可能性を秘めたものが存在しているように感じないだろうか。それらは日中の光のもと訪れてみればなんの変哲もない場所であり，何度も目にしていれば不気味な恐ろしさもどこかに身を潜めてしまうであろう。我々はつい自分たちが生きている世界が「分かっているもの」から成り立っているかのように感じてしまう。しかし，本当はその可知の領域を一歩踏み出せば，あるいはその可知の領域のすぐ足元にも「分からない」何かが潜む世界が広がっている。さらに言えば，そういった領域は時に，不思議な夢や新たなイメージのわき起こりとして，我々自身の内側にも見出されるかもしれない。
　我々の外側においてであれ内側においてであれ，自分たちが生きる世界にはよく知っている日常世界や慣れ親しんだものとは異なる「何か」が存在しているように感じることがある。そして，そのよく知らない「何か」

は，突如目の前に姿を現すのである。我々が思っている以上に，可知の領域と不可知の領域はその境界が曖昧なのかもしれない。その「何か」に出くわしたとき，我々は一体どのように振る舞うのか，あるいはどのように振る舞うことを強いられるのか，そしてそこでは一体何が生じるのか。その先には何があり，それは我々に何をもたらすのか。筆者は心理臨床に携わりながら，日々そのことの意味を問い続けている。

　本書はその「何か」の訪れを，「異者との出会い」として捉え，その様相に迫っていくことを目的としている。様々な形で表れる異者との出会いをできるだけその生々しさを損なわないように体験に根ざした形で提示しながら，その現象を考察していくつもりである。それゆえ本書は筆者の拠って立つ心理臨床[*1]という分野だけでなく，文化人類学・民俗学・宗教学・芸術など領域横断的な知見を用いながら考察を進めていくことを特徴としている。まず本章では本書の基盤となる「異者」の考え方について助けとなる概念をいくつか取り上げ，本書の進む航路の道標としたい。

民俗学・文化人類学における「異人」論

　民俗学や文化人類学においては，人々が日常生活の中で「分からない何か」と出会うということについて，それを具体的な問題として取り上げている。それが，異人論である。

　この分野では，折口信夫の「まれびと」を始め，小松和彦が示している座頭，山伏，六部などのほか，集落の外から折に触れてやってくる得体の知れない存在として異人が語られる[*2]。異人とは「我々・こちら・内部」

[*1] 本書では「心理臨床」，「臨床心理学」という語は区別して用いている。臨床心理学とは，心理援助や人間理解の方法についての学問分野の1つを意味している。これに対して，心理臨床とは，臨床心理学や心理療法の実践について重きをおいているもので，心理療法・心理面接において生じてくること，セラピスト・クライエントの関係性，人間学的視点，臨床性などを含み込む1つの立ち位置として理解していただきたい。

に対する「彼ら・あちら・外部」に属するものであり，それゆえに不気味で恐ろしく，得体の知れない存在として捉えられるものである。異人たちは集落の外の世界から予期せず訪れる理解不能な存在であるため，忌避や侮蔑の対象とされるが，実はもう一方では，富や知恵，幸福を授けるものとしても語られているのである。来訪神や異人の訪れによって，家が隆盛したり衰退したりするという伝承や昔話はたくさん存在している。

　このような語りや表象においては，実際に得体の知れない異人たちが突如，日常を打ち破るものとして集落へやってきたということが表現されているが，そこには得体の知れない不気味なものに対する集落の人々の恐れや畏怖の念，あこがれのような態度や思い自体が反映されていると考えてよいだろう。それは異人が時に，神や妖怪として表象されることがあるということからも理解される。そこには「それ」としかいいようのない異人が訪れたときの，日常を覆された人々の姿そのものが読み取れるのである。このような着眼点から，我々が「それ」としかいいようのないものの訪れを体験したことを，「異者との出会い」として扱っていくことも見当外れではないだろう。ここでは異人が示しているような我々にとっての"異"なるものという性質を表すため「異者」*³ という言葉を用いたい。それゆえ異人の概念については，異者を考える上で最も重要なものである。異者の性質やその存在の特徴については，第1章でより詳しく論じる。

心理臨床における異者への視点

　民俗学や文化人類学では，我々の生活において具体的な問題として生じ

---

*2　赤坂，1992；小松，1995；折口，1929/2002；Schutz，1964/1980；Simmel，1908/1976；山口，2000など。

*3　哲学における他者論では，「他人」と「他者」とは区別される。「他人」は，具体的な表象を示すものであり，「他者」はそれらの持つ性質について述べるものである。本書でもそれに倣って，「異人」という表現は具体的な存在を想定しており，その性質について捉えるものとして「異者」という表現を用いている。

る「異人」がどのように論じられてきたかについて触れた。そのほかにもう1つ重要な視点として考えなければならないのが，異者が我々にとって実際にどのように体験されるかということである。異者とはその性質上，「我々とは異なるもの」として体験される。より厳密にいえば，異者とは「わたし」という個人にとっての異者であり，同じものや出来事が他の人から見て同じように「異者」の体験たるかというと，必ずしもそうではないのである。この議論はグリム・メルヒェンにおける「異界」の研究で知られる大野寿子によってもなされている。個人Aと個人Bの異界体験や異界表象は元来別物であってしかるべきであり，「異界そのもの」あるいは異界の絶対的な定義はもともと存在しないということがいえる，と大野はいう（大野, 2013）。異者の問題も同様であり，わたし個人が異者と捉える限り異者なのであり，共通した定義の上で実体的に異者と呼べるものは存在しないということである。つまり，異者の問題は個人的な体験に根ざすものであるといえるだろう。だからこそ，異者の体験は人間の個人的なこころの問題や病いを扱う「私」性をその本質としている心理臨床において関わりの深いテーマといえるのだ。

　そこで次節では，人間のこころに関する実践学である精神分析や臨床心理学において，異者の問題がどのように扱われているのかを簡単に整理してみよう。

フロイトの『不気味なもの』

　精神分析における，このよく分からないもの，不気味で恐ろしい"異"なるものに関して示唆を与えてくれるものとしては，フロイトの『不気味なもの』(1919/2006) を挙げることができるだろう。フロイトは文学作品や様々な事例を取り上げて，「不気味なもの」について考察を行っている。その中で，まず「不気味なもの (unheimlich)」の言葉そのものについて検討している。heimlich（馴染みの，内密の）という単語の意味についてドイツ語辞書の引用をした後の，フロイトの記述を取り上げてみよう。"この

長い引用の中でわれわれに最も興味深いのは，heimlich（馴染みの，内密の）という単語が，意味の上で多彩なニュアンスを示しながら，反対語であるunheimlich（不気味な）と重なり合う意味をも表す点である。……総じてわれわれは，heimlichというこの単語が一義的ではなく，2つの表象の圏域に属している，という点に注意を促される。その2つの圏域は，対立し合っていないとしても，互いにかなり疎遠だ。すなわち，馴染みのもの・居心地良いものの圏域と，隠されたもの・秘密にされているものの圏域である"(Freud, 1919/2006，邦訳 pp. 13-14)。ここで，不気味なものの意味するところには，相反する表象が同時にあるということが理解される。ここに，異人の議論においても出ていたように異者が恐怖や畏れの対象であるとともに，恩恵や幸福をもたらすものであるという，両義性を持つということと共通点が見られるのである。

またフロイトは，去勢コンプレックス，アニミズム，呪術，思考の万能，死，意図せざる反復などについて論じ，"不気味なものとは実際，何ら新しいものでも疎遠なものでもない，心の生活には古くから馴染みのものであり，それが抑圧のプロセスを通して心の生活から疎外されていたにすぎない"（前掲書，p.36）とし，"不気味なものとは隠されたままにとどまっているべきなのに現れ出てきてしまった何ものかに他ならない"（前掲書同頁）と述べる。そして，不気味なものの体験とは，抑圧された幼児期コンプレックス，あるいは克服されたアニミズム的思考が活性化されることで生じるものだと結論づけているのである。すでに知っている，秘め隠されているものが突如として眼前に現れ，それが自らを脅かす不気味なものとして体験されるというフロイトの考察は，異者との出会いについて考える上で示唆的であるが，その現象が我々に起こってくることの意味や我々にとってどのような影響をもたらすものなのか，という点にはあまり触れられていない。その体験によって，我々の存在や生命が生き生きと賦活されるような，そういった側面も検討の余地がある。

臨床心理学に現れる異者

　一方，臨床心理学の領域では，前述した異人や異界という概念を用いた研究が少数ではあるが見られる[*4]。これらは特に心理療法に関するものであるが，ここでは異界や異人はまさに文化人類学や民俗学の定義を援用する形で用いられている。

　民俗学などにおいて語られる民話や伝説では，身をやつした不気味な旅人を丁寧にもてなす（ときには殺害するという話もある）ことで富を得る，あるいは祟りを受けることになったり，山や海の中のある不思議な空間へ迷いこみ（あるいは誘導されて）数日過ごして家に帰ってくると何年もの時が経っていたりというようなエピソードがよく見られる。異人や異界という"異"なるものと接触することによって，体験者に何かしらの変化がもたらされるというものである。こういった民話や伝説などに登場してくる異者のイメージは心理療法においても頻繁に登場するものであろう。夢や箱庭療法の中において鬼や妖怪などの形として現れたり，異界へつながるトンネルや扉といったアイテムが登場したりする。あるいはもっと何だか分からない塊のようなものとしてしか表現されなかったり，あるいはそれは何もない空間・ただの間隙であるかもしれない。それは，様々な表象で語られるのである。そのようなイメージを丁寧に辿っていくことで，心理療法の中の転機や重要な局面がはっきりとしてくることがある。山愛美は，クライエントの内的世界において，異界がどのように位置づけられているかということを知ることは，その人の世界観の基本的な在りようをセラピストが理解する上で重要だとしており（山，2000），これはクライエントが異界の体験とどのように関わっているのかという点を心理臨床の場で扱うことの重要性をも示していると思われる。

　しかし，臨床心理学の領域で見られるこれらの研究は，これまで無意識

[*4] 例えば，田中，1995；岩宮，1997, 2000, 2009；河合，1998a；川戸，1998；岸本，1999, 2000；串崎，2000, 2001；三宅，1998, 2003；山，2000など。

として語られてきたものに代わり，異界や異人という概念を用いて考察をしているようにも思われる。例えば，田中康裕は，セラピストを「面接室という異界の住人」として表現し，その異人との相互浸透のやり取りを通して，クライエントは自らの「内なる異界」との相互浸透を果たしえたと事例を解釈している（田中，1995）。また，山も「内的世界における異界」との表現を用いて，事例の経過を検討している（山，2000）。ここでの内的な異界とは，ともすれば無意識と読み替えても問題のないようにも思われがちである。この内的な異界と無意識とは何が違うのであろうか。本来，異界という概念は，ただ単に無意識に置き換えられるようなものではない。異界の臨床心理学的意味について考察した串崎真志によると，異界という概念は，空間性，時間性，精神性，身体性，物語性を備えた包括的，全体的な概念であるとし，無意識という概念はその中でも精神性の部分がとりだされ分化してきた領域であると定義されている（串崎，2001）。

臨床心理学の研究において，異界や異人という概念が用いられるようになってきたのは，そこに無意識ということだけでは語りきれない何かが含まれているからではなかったか。川戸圓は文化人類学者や民俗学者の間で異界論が盛んに取り上げられていることに触れ，それは時代の発展とともに失われた異界のイメージを取り戻そうとする動きであると見ている（川戸，1998）。そしてその動きは，画一的になった現代の我々の世界を補うものであるという。すなわち，精神医学・臨床心理学の分野においても，知りつくされたかのように扱われる無意識の世界に，意識では測りがたい両義的・多義的イメージを見ていくことが，画一的になった精神を補うことになり，現代の病んだ魂に必要なことであろうというのである。無意識はその成り立ちから考えて，あくまで触れ得ない表象不可能な領域として他者[*5]性を帯びていると考えられ，その点をいかに乗り越えて心理臨床の営みを論じるかということが，この異界や異人という概念を用いようとする試みに見られると考えられる。先に述べた異界の概念を用いた研究に

[*5] 他者の問題については，第1章を参照されたい。

は，異界や異人として表される異者が，実際にわたしとどのように関係を取り結び，わたしにどのような影響をもたらすのかということを両義的・多義的な表象によって描き出そうという意図があるのではないだろうか。そこでは，ただ無意識の代わりとして異者を用いて論じるだけではない，独自の意義が見出されるだろう。

心理臨床の内から「異者」を問う——本書で目指されること

　これらの研究においても現れているように，心理臨床の場においては，俗に異人や異界の体験として語られるようなことが，まさに生じているのだと考えられる。そして，それらの先行研究においては，箱庭の作品や報告される夢，面接室で語られるエピソードなど，具体的に表象されうる個別的な体験が異人や異界の体験として論じられていた。そこで，本書で着目するのは，それらに通底しているものは何かということである。「異者との出会い」という枠組みによって，異人や異界の体験を扱う研究において論じられていることを基礎付けられるような，より包括的な概念を提示することができるであろう。異人や異界といった言葉が具体的な表象を指すのに対し，「異者」とはそれらが持つ本質的な性質を表しうる概念である。それを導入して論じることで，異人や異界を用いていた研究の1つ1つを繋いでいき，それらに共通するものを浮かび上がらせてみたい。
　また，そのような「異者との出会い」は心理臨床の場においても生じている体験であると考えられたが，先行研究においては異人や異界という民俗学や文化人類学の領域の概念を援用することで説明するということにとどまっている。もちろん，そのことで心理臨床の営みを新たな側面から考えることができる画期的な視点をもたらしたことも確かである。しかし本書においては，その体験を心理臨床の場において生じるものとして，心理臨床や我々の精神世界を豊かにする独自の概念として論じていくことを目指す。その試みとしても，「異者との出会い」という概念を用いる意義を考えることができるだろう。ここで大事なのは，説明概念として異者を提

示するのではなく，心理臨床にまさしく起こっている現象を捉えるために用いるものであるということである。これは，「異者との出会い」を心理臨床の外側から持ち込んだ概念として説明していくのではなく，心理臨床の内から問われるものとして論じていくということを意味する。

このように，本書においては，「異者との出会い」として，これまでの異人や異界の研究に通底するものを明らかにしていくということ，「異者との出会い」を，まさに心理臨床の場において生じてくる現象として論じていき，心理臨床学的な観点から考察するということを目指す。この「異者との出会い」の性質や，それによってもたらされるものを抽出していき心理臨床学的な観点から考察することが本書のオリジナリティであると考えている。こうすることで，心理臨床一般において生じてくる出来事を，「異者との出会い」という観点からも捉える視点を提示することができ，心理臨床の営みだけでなく，我々の人生をより豊かな視点で見つめることが可能になると信じるからである。

語る主体は異者にある──心理臨床の方法論

異者とは，我々が意図して体験できるものでなく，突如出くわすものであり，絶対的な定義を拒否する個別的な体験において生じてくる私性を帯びたものだと考えられた。これは，我々があらかじめその体験を実体（ポジティブ）として語ることのできないものであり，体験して初めてそれが何だったのかということを語ることのできるものであるということを意味する。そのため，異者の特性を解き明かすためには，異者との出会いという視点から「体験」を取り上げながら，そこで何が起こっていたかということを読み解いていかなければなるまい。これは，それを語る主体が我々にあるのではなく，語られるもの，あるいは語らせているものとしての異者の方にあるということを意味する。

河合俊雄は，心理療法において症状・イメージ・夢を扱う際に，いかにクライエントの主観的世界や心的現実を問題にしていても，人間主体の自

己実現という視点で捉える限り，それは狭い意味での人間中心主義からは抜け出せていないということを指摘する（河合，2000）。そして，症状やイメージ，夢といったものを，人間主体の攻撃性や依存欲求，願望などに解釈して還元してしまうのではなく，それぞれの症状やイメージの特徴そのものを深めるということが大切だという。これは症状やイメージの方にこそ主体があるとするような考え方である。また，ユング派の心理療法家ジェームズ・ヒルマンは，イメージに忠実に添うことを大切にし，我々自身の自己実現ではなく，イメージの自己実現を重視する（Hillman, 1983/1993）。そして，ヒルマン自らがすすめる元型的心理学（archetypal psychology）を多神論的な立場をとるものとして提示している。そこでは，自己や自我が中心となって，そこに物語としての文脈や，自己中心的な意図を持ってイメージを見ていくことを戒めている。これらは異者との出会いについて探究する際に重要な視点である。異者それ自体を，あらかじめ実体として語ることが難しい以上，その体験をめぐって引き起こされるイメージや事象を1つずつ取り上げて深めていくという方略をとることが必要になる。そのことを重ねながら，異者から何が語られるのかということを掬いとっていかなければならないだろう。

つまり，異者はポジティブに語ることのできないものであるがゆえに，異者の体験をめぐるイメージや事象を取り上げ，収束的でなく拡充（Amplifikation）させながら異者に迫っていくのである。そして，そこでそれぞれに生じてきたもの同士のズレや重なりから見えてくるものを取り上げていくことになる。これが異者に対する正攻法であるともいえるだろう。このような個別的な体験に根ざし，語られるものの方に主体があるという姿勢が，心理臨床の根幹でもある。本書の目的は，主に心理臨床の立場から捉えられる異者との出会いの体験について探究するものであるが，本書において個別的体験に根ざし，語られる主体に対して耳を傾け，そこに浮かび上がってくるものを待つというその方法論そのものも心理臨床的な姿勢を持つものである。

以上のことから，本書は様々な体験として現れる異者との出会いを取り

上げ，検討していくことになる。そして，様々な体験を取り上げて異者の姿を積み重ねていくことによって，そこに浮かび上がるものをつかみとっていくことが，本書における異者との出会いの探究の道筋となる。異者との出会いとは，心理臨床における1つ1つの事例がそうであるように，その個別的な体験の中に大きなインパクトと本質がある。これは「他者」の問題とは異なり，対象化して説明的に述べるということが非常に困難なものである。物語を語るようにゆっくりと核心となるものの周りをめぐりながら，少しずつ全体の形があらわになってくるというようなものだといえよう。そのためその過程は，様々な側面から体験を取り上げ，中心となる問題を目指しながらも，その周りを螺旋状に巡っていくようなものになるだろう。

本書の構成

　このようなアプローチの必要性と異者との出会いという体験そのものへ根ざす姿勢から，本書では異者との出会いの体験を取り上げる視点が必要となる。その体験の視点とは，異者が絶対的な定義を拒否し個別的であるがゆえに無数に存在するが，ここでは《病い》《身体》《異界》《創造》《わたし》の5つを取り上げたい。この5つの体験の視点は，心理臨床の場においても，遭遇することが多いテーマであろう。そして，これらの視点は，我々にとって身近なものでありながら未知性を帯びている。すなわち，異者との出会いの要素になるという視点から設定された。以下に，それぞれの視点がどのような点で異者との出会いの体験へと接近するものなのか，本書の構成の紹介とあわせて説明しよう。

　まず，第1章で取り上げるのは《病い》である。病いは，我々にとって忌避すべき，いわば異者の負の部分を背負った現象である。そして，我々に非日常性を突きつけてくるものである。病いを抱え，それに取り組まなければならない苦しみは非常に大きなものである。しかし，それを乗り越え，後から振り返ったときに，その過程によって生き方が広がったり，人

生の見方に大きな変化をもたらしたりするような豊饒の世界へと導く存在として感じられることもある。このように，病いはこれまで述べてきたような異者が持つ両義性や多義性を合わせ持つものであり，誰にでも訪れる可能性を持っているものであるといえるだろう。病いは，それを抱えていかに体験するかという点において，そこに異者との出会いを見ることができると考えられる。

　続いて第2章では《身体》を取り上げる。身体とは，我々自身であると同時に我々のものでもある。しかし一方で，完全なコントロールを許さないものでもある。生物学的な身体については，多くのことが明らかになってきてはいるが，我々にとっての主観的な身体の体験とはいまだに解明されていない未知の領域である。身体はその存在自体が，非常に両義的で曖昧なものとして体験されるのである。このような点で，身体という視点から異者との出会いの体験を考えることができるのではないだろうか。ここでは「ひとところにいると不安になる」という女性の事例を提示し，身体の立ち現れ方の変化がクライエント自身の変容と結びつきながら進んでいく様相が示される。身体は，自らに襲いかかるもの，対象化して対話していくもの，そして自らの存在と世界とがつながっていることを感じさせる通路として体験されており，その中でどのようなこころの動きが生じているのかを丹念に追い，身体は世界とわたしとの界面に生じる体験であるという視点から考察を試みている。

　そして，第3章で取り上げる《異界》は，異者体験の具体的な表象として考えられる概念である。これは先にも触れたように，心理臨床における研究においても取り上げられることが多くなっている。岩宮恵子が指摘するように，思春期においては，日常的なものを超えて，これまでの自分や世界が変容するという体験がしばしば見られるが，それは異界との関わりによってもたらされるものであると考えられる。それは時に深い病理の体験とも結びつくが，1つのイニシエーションとしてその体験を乗り越えることで，新たな自分を生きるきっかけともなる（岩宮，1997, 2000, 2009）。異界とは，我々の日常の世界を揺るがすが，それとともに豊饒をもたらす

ものでもあると考えられる。本書では，これまでの心理臨床における異界についての研究を批判的に検討しつつ，異界という概念が表す異者の性質を明らかにしていくために取り上げたい。そして，「リストカットをやめたい」という女性の面接過程を詳録し，クライエントにとっての異界の体験について考察している。ここでは，異界とは「他界」に示されるような触れられない世界のイメージや理想郷としてのポップな「異世界」を指しているのではなく，我々へ直接的に影響を与える力の強さや，体験を経て初めて我々が異界に包まれていたと事後的に実感するような異者との出会いの体験の性質が示されるだろう。

　第4章で取り上げるのは《創造》の体験である。創造とは，異者のもたらす豊饒性と結びつきの強いものである。第4章において詳しく触れるが，新たなインスピレーションや創作のアイデアは，古くは神から授けられる神聖なものとして捉えられており，創造するという体験自体が異者に触れるような体験であったと考えられる。古代から我々を惹きつける創造の神秘については，特に1950年代から科学的なアプローチを取って解明が試みられてきた。しかし，創造の本性というものは，いまだ明らかになっていない未知の事柄であり，創造の契機を異者との出会いという観点から検討することができるだろう。そこで第4章では，現代芸術家へのインタビューから得られた創造体験にまつわる語りから，異者との邂逅としての創造性について考察する。物語の排除という，これまで心理療法において共有されていた理解を覆すような視点を示すが，それがもたらす「境界の消失」と「界面の生成」という観点が心理臨床における異者との出会いについて本質を示しうると考える。

　第5章では，20歳前後の大学生男女を対象にして，体験したことのある異者体験を広く集めている。第4章までは個人の体験を事例的に取り上げ，その様相を細かに追っていくことで異者との出会いについて考察を試みるものであったが，他ならない我々自身にも生じうるものであるということがここで示される。

　そして第6章において，ついに《わたし》自身が異者であるということ

を論じたい。わたしを体験するということは非常に不明瞭な状態であるため，ここでは〈わたし〉というまとまりの感覚を体験するということを扱う。〈わたし〉というまとまりは，自明なもののように感じられ，我々のアイデンティティを常に支えているものである。しかし，その明快に見える〈わたし〉という感覚ですら時に揺らぐことがある。我々自身と深く関わりながらも，よくよく考えてみると，説明しつくすことのできない，わけの分からないものとして実感されることがないだろうか。このように〈わたし〉であると感じること自体が，両義的で，時に境界が曖昧になる体験をもたらすと考えられ，そこに異者との出会いの体験が立ち現れると期待する。第6章では，質問紙法と図式的投影法という調査方法を用い，実験的に調査協力者の自己概念を揺さぶり，そこに現れた〈わたし〉の姿に対する戸惑いや動揺などの反応を引き起こすという手法をとる。そこから，我々が自明であると思っている自己概念が，揺らぎというダイナミズムのもとで生成されるものであり，〈わたし〉そのものが異者として立ち現れる様が描かれるだろう。

　本書は，主にこの5つの視点から異者との出会いについて論じていくことになる。ただし，この5つの視点は，筆者の臨床経験から得られた直観に導かれているところもあり，これら以外の視点も数多存在するであろうことは断っておきたい。異者の体験があらかじめ明確に定義できるものとして存在していない以上，このような方法を取らざるを得ないわけだが，この道筋をたどることによって，その後に浮かび上がってくるものを検討していくことで，異者との出会いに迫っていきたい。それゆえに，本書は異者との出会いについて探究する際の，「1つ」の試みであるということにもなるだろう。

　また，本書は第1部「心理臨床における異者」，第2部「「わたし」と異者」という2部構成を取っている。第1部では心理臨床における事例研究が基盤となる。事例研究は心理臨床の独特の手法であるが，1人ひとりの体験を深く掘り下げていくことで，異者との出会いとはいかなるものか，ある種，普遍的で臨床的な体験知がもたらされると考えている。

第2部ではこれまで異者との出会いについて外から眺めていた視点を，ぐっと読者自身に近づけるものとなるだろう。他ならない自分自身においても異者との出会いが生じるということをだんだんと感じてもらうような仕掛けにしたつもりである。本書を読み進めていくこと自体が，異者との出会いとして体験されれば，願ってもないことである。

第1部

心理臨床における異者

> 鳥は卵の中からぬけ出ようと戦う。卵は世界だ。生まれようと欲するものは，一つの世界を破壊しなければならない。鳥は神に向かって飛ぶ。神の名はアプラクサスという。
> ヘルマン・ヘッセ『デミアン』（高橋健二訳, 新潮文庫, 1951年, p. 136）より

第1部では，心理臨床の場における異者との出会いにフォーカスして，異者への探究を進めていく。ここでは実際の心理療法の事例を3例挙げ，事例検討という形をとってそれぞれの「異者との出会い」について考えていく。
　それぞれのクライエントが辿ってきた面接の軌跡から描かれる，異者との出会いとそれに伴って立ち現れる1人ひとりの体験世界とはいかなるものだろうか。

第1章　"異"なるもの《病い》
キョウカさんの夢に訪れた異者

1　「それ」が訪れるとき

　心理臨床の現場に携わっていると，クライエントの語りや夢，報告される様々な出来事の中にそれが何なのか分からないものが訪れることがある。予期せぬ事故や災害であったり，「なぜわたしが」と思うような病気を患ったり，全く意味を解き明かせない夢を見たり……。あるいは何でもないと思われるようなことによって今までの日常が壊れてしまったように感じることもある。何者かとはいいがたい「それ」は突如として我々の前に現れるのである。そして，それは実際に起こっている出来事以上にクライエント自身のこころを揺り動かし，大きな影響をもたらしているように思う。そんなものとは出会いたくない，平穏な日常が壊されてしまうなんてまっぴらだと思うだろうが，一方で，「それ」によって我々は自分が何者なのかはっと気づかされることになったり，否が応でも動き出さなければならなくなり歩みを進めることになったりするのだ。

　ここで具体的な例として1つの夢を紹介しよう。これは筆者のいた相談

室へ訪れた女子大学生が報告した夢である。彼女はある症状に悩まされ，相談室へとやってきた。その症状との関わりに苦しんでいる最中に，次のような夢を報告した。

【夢】
自分の家である六畳一間の部屋に座っている。その部屋のふすまが開いていて，その先には玄関のドアが見える。ふすまの向こうになぜかピンクのテディベアがつるされている。玄関のドアや郵便受けが，なぜだか分からないが外側から殴られたようにぼこぼこで，ひどくひしゃげている。すごく怖いが，外で何かが起こっているのかもしれないと思い，玄関の外に飛び出す。すると辺りは真っ白で何も見えない。

この夢において，不気味な何者かがクライエントの部屋へと訪れている。姿は分からないが，間違いなくこの夢の中のクライエント自身をめがけて訪れているのである。そして，それが何かは分からないままに夢見手は家の外に誘い出されるかのように飛び出していっているのが分かるだろう。

このように，他ならないわたしめがけて訪れ，新たな展開へと誘い出す「それ」とは一体何なのだろうか。得体の知れない何者かの訪れ——それは古くから異人やまれびと，そしてそれらの住処としての異界といったものに表象されることもあった。異人やまれびとは，その得体の知れなさから不気味で恐ろしい災厄をもたらすものとして捉えられていたが，興味深いことに，同時に富や知恵を授ける者としても考えられていた。それでは，我々の元に訪れる「それ」は何をもたらすのであろうか。

本書では，その古くからの表象を参考に「それ」を異者と名づけてみよう。この異者とは一体どういうものなのか，我々との関わりにおいて何をもたらそうとするのか，そこに迫ってみたい。何とも正体の掴みづらい異者に取りかかるために，まずはヒントをくれると思われる「他者」の概念と比較しながら考えていこう。そして，異者について考察していく中で，冒頭に紹介した女子大学生の夢についても検討していきたい。

2 「他者」と「異者」

　「他者」とは，そして「異者」とは何なのだろうか。他者は，哲学の中で最も大きなテーマの1つとして論じ続けられてきた。他者とは何者なのか，我々は他者とどう関わるのかというような他者をめぐる様々な問いの中で，哲学者たちは自己について考え，他人や神との関係について考えてきた。また他者は，哲学だけにとどまらず，文学，社会学，教育学，心理学など多くの分野で取り上げられている概念でもあり，他者という言葉は"現代思想の寵児になっている"（鶴, 1998, p. 99）とまでいわれる。

　その一方，異者という概念はこれまで取り上げられることはなかった。異者と他者はどちらも「自分とは違うもの」ということを指す。しかし，他者の問題とは異なり，異者については体系的に論じられてきてはおらず，異者が他者の概念の影に隠れてしまうかのような扱いをされている。先ほどふれた異者の表象としての異人や異界などといった概念は，近年になり文化人類学や民俗学の領域を出て，文学や心理学の研究においても，ようやく散見されるようになってきた。それは異者が他者とは異なる意味を含んでおり，そこには他者論では回収できないものが存在しているからだと考えられる。そこで，まず他者と異者を対比させる形でそれぞれの概念を整理していき，異者に託されて語られているものは何かを探り，異者への扉を開いていくことにする。

触れ得ない絶対的存在──他者

　他者という言葉を辞書でひいてみると，"1. 自分以外のほかの人。2.［哲］あるものに対する他のもの。自己に対する何ものか"（『大辞林』第二版より）とある。つまり，「自分」と「非自分」との関係で考えられるものである。他者については，これまで哲学の分野で多く論じられてきており，ここでは大まかにではあるが他者の性質とはどういったものかをま

とめていきたい。

　長田陽一は"他者理解には，〈他者〉をわたしの世界の一部として，私の理解可能な地平に取り込むという過程を必然的に含んでいるが，わたしによって理解された他者はわたしを通して見られ認識された他者であって，すでに根源的に異質性や未知性を抜き取られているのである"（長田，2005，p. 2）と述べるが，同じように，鷲田清一も，フッサールが他者経験論として論じるような他者理解が，他なるものを自己と同型的なものとして回収されるような「同化」の拡張として捉えてきたことを批判し，その見方では他者の本質を捉え損なうという問題点を指摘する（鷲田，1997）。そして，そのような「他者」を捉える視点を乗り越え，他者を主題化するものとして，2つの位相があると述べている。1つは，〈共存〉の視点，もう1つは〈他性〉の視点である。〈共存〉の視点とは，自己との関係の次元で他者を考えるということを指し，〈他性〉の視点は，他者のまったき他性としてのあり方として主題化されるものを指している。1つ目の〈共存〉の視点では，自己のアイデンティティには必ず必要なものとして他者が考えられている（鷲田，1997）。こういった自己との関係の中で他者を見ていくものの代表例として，フッサールの間主観性（Intersubjektivität），メルロ＝ポンティの間身体性（intercorporéité），ブーバーの我と汝（Ich und Du）の関係などが挙げられる。これらは，自己の存在根拠を自己自身の内部に求めることをせずに，それを徹底して他者との関係の中に求めるものであり，"他者によってその他者の他者として「承認」されているということ，自他の相互補完的（complementary）な関係の中で，〈わたし〉が生成するということである"（前掲書，p. 15）。

　では，今度は鷲田（1997）が「交通の不可能性」・「現出することの不可能性」として考える，〈他性〉の視点から他者を考えてみよう。この視点から見た他者とは，"他者は，私が自分のうちに取り込めない者である。すなわち，理解できない者，認識できない者，その意味で謎である"（岩田，2007，p. 215）というものであり，他者に遭遇することは不可能だとしている。この視点で他者を考える代表的な例として，レヴィナスの「他性（altérité)」が挙げられるだろう。

　レヴィナスによると，他者の経験というものはわたしには内包しえない絶対的に他なるものであるという（Lévinas, 1961/2005）。これは，自と他の同次元的な関係から考えられる〈共存〉の視点での捉え方とは異なるものである。"形而上学的な関係はほんらい，〈他〉を表象することではありえない。表象される〈他〉は〈同〉のうちで溶解するからである"（邦訳上巻 p. 51）とし，他者は観念から溢れ出る無限なるものであり，他者の他性を完全に表象することの不可能さを示している。そして，"他者は私のイニシアティヴに先立つ意味作用を有している点で，神に似ていることになる。他者の意味作用は，意味付与（Sinngebung）という私のイニシアティヴに先行しているのだ"（邦訳下巻 p. 241）と述べる。自己を前提として，非自己としての他者があるわけではなく，絶対的な他者というものが自己に先行してあるということが分かる。その意味で，自己は常に他者に遅れをとるのである。他者性を喪失しない他者とは，自己に先行し，意味作用や世界の存在を支えているものであり，我々にとっては到達不可能な存在だということであろう。そして，レヴィナスはそういった他者を神になぞらえているのである。

　こういった出会えないものとしての他者については，ラカンの現実界（le réel）にも見ることができる。象徴体系の外へと排除されたものは現実界に位置し，象徴界（le symbolique）に組み込まれてはいないために，我々の認識では到達不可能で，理解もできず触れることもできない。そして，これは"本質的に出会い損なったものとしての出会い"（Lacan, 1964/2000, p. 73）としか体験されないものである。しかし，我々はそれに対して言語を用いて接近せざるを得ず，常に語り損なわれるものとしての現実界との関係を持つしかないのである。ラカンは，この出会えない現実界と象徴界の関係をトーラスというトポロジーで示している（Lacan, 1961-1962）。トーラスとは図 1-1 のような形態のものである。これは，ドーナツのような円環の3次元的な形であり，"トーラスの表面は，内部の空間を包みこみ，それらを外部から切り離すが，中心は相変わらず外部にある"（Granon-La-

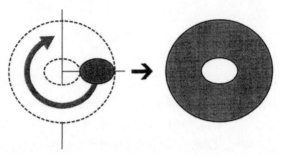

図 1-1　トーラス (Lacan (1961-1962). *Le Séminaire*, Leçon du 7 mars 1962, p. 168)

球体を軸の周りでぐるっと 1 回転させると（左図），ドーナツのような立体が出来上がる（右図）。表面に囲まれた空間は内部として存在するが，トーラスの中心は常に空洞であり，外部のままである。トーラスの表面をいくら辿っていってもその空洞にたどり着くことはない。ラカンは，表面を辿るばかりで一向にたどり着かない欲望との関係をトーラスの特性で示している。中沢（2003）もラカンの言葉を借りながら，自分の直感がとらえている世界の全体性を表現しようとして次から次に言葉を繰り出すが，それはいつも "語り損ねる" という宿命を持っていることをトーラスの構造として説明している。

font, 1985/1991, p. 60) という構造を持っている。

　これはつまり，"現実界は常に象徴界の外部に位置され，シニフィアンによる表現の後に残るいい表せないもの"（向井，1988, p. 194）を示している。我々は言語によって様々なものを語り真実にたどり着こうとするが，トーラスの周囲を回るだけで，その内実にはいっこうにたどり着けないという事態を示しているのである。このような到達することもできず，常に一歩遅れる形でしか表象できない他者は，そういう点で他者たるのだが，その意味で一神教的な神のあり方として考えることができよう。

　中沢新一は一神教の神の前身である高神のあり方に，トーラス型という基本構造を見ている（中沢，2003）。そこでは，高神の特徴として，(1)聖所に常在しており，(2)世界の象徴秩序を維持している，(3)この世と水平に位置するのでなく垂直上に位置する，そして(4)イメージを拒否する，というものを挙げている。この神は，人間との非対称性が強調されている存在で

あり，常にどこかにいて，我々の存在如何にかかわらず世界の秩序を支えるものである。こういった神は，イメージを拒否するというところからも，我々が直接触れることがかなわないものである。中沢は，高神について中心が空虚からなる中空の構造として，この神の本質を表すことができるとし，このトーラスの中心をなす空洞は，言葉によって表現不能な「超越性」を表しているという（中沢，2003）。このような高神のイメージはラカンのいう，触れ得ない他者としての性質と異なるものではない。また，レヴィナスの神になぞらえられた"絶対的に他なるもの"としての他者の性質とも重なっているものだと考えられる。

　このように他者とは，自己との関係の中で捉えようとする他者と，まったき他者としての他者の2つが考えられた。これらの他者と我々の関係からは次のようなことがいえるだろう。他者の理解というものは，成し遂げられないものではあるが，自己と同じ水準の関係に他者を置くことによって，自己をその関係の中で規定し，自己の同一性を保つはたらきを持つものである。また，他者の他性について考慮する場合には，他者はそのものを表象できないものであり，他者はそれ自体が意味を有し，わたしから切り離された絶対者である，そして，他者のいる地平によって我々の世界，秩序が先んじてもたらされているのであり，その非対称性によって我々の存在が規定されうる，というものであった。他者とは，他者と我々という2つのものの関係によって語られるものであり，〈共存〉と〈他性〉の視点の違いはあるものの，そこには関係の中で自己が規定されるはたらきがあると考えられるだろう。このような他者のあり方は，到達できない他者として語らざるを得ず，語ることができないというあり方でしか関係を結べなくなる。また，このような他者の性質によって我々の世界が安定して保たれるのではあるが，「わたしではない」という自己の否定から作りだされる二者関係の他者の世界においては，多義性や豊饒性が発生しにくいということもいえるであろう。

境界を越える出会い――異者

　それでは，異者とはどのようなものなのだろうか。他者とは違い，異者(いしゃ)という言葉は管見の限り辞書には存在しない。異者を表象する概念の1つとして，「異人」の存在が挙げられるだろう。前述したように，異人は民俗学，文化人類学，社会学などにおいて盛んに取り上げられてきた概念である。折口信夫はこの異人の概念をまれびととして語っている。"まれびとの最初の意義は，神であったらしい。時を定めて来り臨む神である。大空から，海のあなたから，ある村に限って，富みと齢とその他若干の幸福とを齎(もたら)してくるものと，村人たちの信じていた神のことなのである"(折口，1929/2002，p. 34) というように，外部より到来し，富や幸福をもたらすものを「まれびと」として示している。池田彌三郎はまれびとの意義についての折口の主張を次のようにまとめている（池田，1978)。まず，まれびとは一時的な光来者であり来訪する神であったとし，"しかしながら一方において，常世のまれびとは，その性質が純化しない以前には，神の示す，畏怖の対象となる一面を持ち，その性質は完全に払拭せられずに伝えられてきた。それが訪れてくるものの中に，妖怪を生み，あるいは，迎えるものとの関係が転倒したごとき，乞食者が祝言職のものともなっていた"(前掲書，p. 306) という。また，岡正雄は"自分の属する社会以外の者を異人視して様々な呼称を与へ，畏敬と侮蔑との混合した心態を以って，之を表象，之に接触するは，吾が国民間伝承に極めて豊富に見受けられる事実である"(岡，1994，p. 106) とし，赤坂憲雄も古代の人々や未開人は，外から訪れる〈異人〉を野蛮で悪霊的な存在と怖れる一方で，その存在を手厚く饗応・歓待することを指摘している (赤坂，1992)。また，山口昌男は異人を我々の生活の周縁部に位置する者で"我々と交わらず，理解不可能であり，不吉な赤の他人"(山口，2000，p. 89) としているが，彼らは我々が持っている秩序を覆すような混沌の要素を持ち込むものであると考えている。ここでの，まれびとや異人に表される異者のイメージは，境界のあちら側からやってくる，我々にとって意味の分からない存在であり，恐怖や侮蔑

の対象である一方，彼らは富や幸福をもたらすような両義的な存在であることがうかがえる。

　一方，異人については，よそ者（Stranger）という言葉でも論じられてきている。ジンメルは，"遍歴の概念は，どのような空間からも自由であるという意味で，（特定の空間に縛りつけられた）定住の反対概念をなす。このようなパースペクティヴのもとで「よそ者」を社会的に眺めるなら，それは，遍歴と定住の両方の概念をあわせもつ，いわば両義的な在り方を示す"（Simmel, 1908/1976, 邦訳 p. 104）という。ここでの「よそ者」は，「異人」という言葉に置き換えられる（赤坂，1992）。また，シュッツは"他所者（ストレンジャー）"とは，"私たちの生きるこの時代，この文明に属する成人した個人を意味し，かれが接近する集団に永久的に加入しようとするか，少なくともその集団に許容されようとする立場にいる人を指す"（Schutz, 1964/1980, 邦訳 p. 3）というように定義している。こういった Stranger としての異人の定義と類似するものとして，赤坂（1992）による定義がある。"内集団の私的コードから洩れた，あるいは排斥された諸要素（属性）である否定的アイデンティティを具現している他者こそが，その社会秩序にとっての〈異人〉である。〈異人〉とはだから，存在的に異質かつ奇異なものである，ともいえる"（赤坂，1992, p. 22）というものである。ここで述べられている異人の姿は，内部に対する外部の存在であり，内部にある性質の否定，あるいは排除という側面から浮かび上がる異人の姿である。このような異人は，自己の否定から規定されるものであり，これは先ほど触れたような他者の概念と重なっており，他者の域を出ていないと考えられる。このようにこれまで論じられてきた異人の概念においても，他者の性質が混ざりあって語られてきているようである。しかし，本書で着目する異者とは，こういった他者に回収されてしまうものではない異者の性質である。

　さて，それでは，異者そのものが持ちうる性質とはどのようなものであろうか。それを考える上で，小松（1998）の次のような指摘は重要である。"「異人」が「こちら側の世界」になんらかの形で侵入し，接触したときに，「異人」が具体的な問題となる"（pp. 12-13, 傍点筆者）。つまり，異人とは

自分たちとは異なる性質を備えるがゆえに，奇異なものとして捉えられる。そして，彼らが特定の集団へと接近あるいは侵入してくることで初めて，その集団における異人の存在の意味が明らかになってくるようなものであるのだろう。この点は，他者の問題とは大きく異なっている。他者は本質的に「出会えない」存在であり，そのことが他者を他者たらしめているのだが，異者においては異質な存在者が我々に接近・侵入し，接触してくるという時点で異者と我々との関係が始まるのである。このために，異人は村や集落にやってくるまれびとや来訪神という具体的な姿として語られることが多いのだろう。

中沢は，来訪神の特徴として次の5つを挙げている。来訪神は，(1)いつもはおらず1年のうち特別な日だけにやってくる，(2)物事の循環や反復の環を断ち切り，増殖性や豊饒性といった，秩序や規則などからは発生することのできないものを生み出す力を注ぎ込む，(3)遠い海の彼方のニライカナイ[*1]や地下の冥界から訪れてくるもので，(4)イメージが非常に豊かなものである，さらに，(5)この神が出現することによって，「あの世」と「この世」の間に，ひとつながりの通路ができあがるといったものである（中沢, 2003, pp. 133-134）。そして，中沢はこのような来訪神のあり方に，「メビウス縫合型」の基本構造をみている。

メビウスの帯を正中線で切り離すとメビウスの帯の性質は消えてしまう。そして，その消失したメビウスの帯は「不在」という形で存在することになる（小笠原, 1989；図1-2参照）。そこでは，現在の我々が生きる世界のように，あの世／この世，あちら／こちら，わたし／あなたがはっきりと区別されるような世界が生じる。そこで，この「不在」という空隙を再度「縫い合わせる」形で，メビウスの帯の性質を回復させたものが「メビウス縫合型」である。そこでは，「あの世」と「この世」がひとつながり

[*1] 沖縄県や奄美地方に伝わる異界概念。海の遥か彼方（あるいは海の底）にあるカオス的世界，宇宙の原初たる世界として考えられている（石川ほか『文化人類学事典』, 1994）。また，ニライカナイより豊饒をもたらす神が来訪するといわれている（中沢, 2003）。

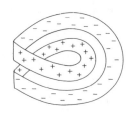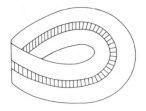

図 1-2　メビウスの帯の切断と「不在」(小笠原 (1989)『ジャック・ラカンの書』p. 161)

[左図] メビウスの帯を正中線に沿って切り離すと表と裏（＋の部分と－の部分）ができあがり，それはメビウス的性質を持っていないことになる（小笠原, 1989）。それまで表から裏への移動がいとも簡単に行われていたメビウスの帯も，切り開かれた後はそれぞれ分断されて表と裏の行き来はできなくなっているという（中沢, 2003）。

[右図] メビウスの帯が切り開かれた後，メビウスの帯は空隙として「不在する」（斜線部分）（小笠原, 1989）。中沢は，この空隙を埋めるイメージを求めることで，メビウスの帯の性質を回復することができるだろうと述べる。その空隙を「縫い合わせて」できる中間的な性質を表すものとして「メビウス縫合型」を提示している（中沢, 2003）。ここでは表と裏，あちらとこちらといった境界が曖昧になり，異者と我々とが同次元上にあるということが示される。

になり，対称性を持つ多神教的な宇宙を回復している世界の構造が示される（中沢, 2003）。

　中沢は，こういった世界を取り戻そうとする精神の運動が起こるときに，そこに来訪神が立ち現れるというのである。つまり，異者の性質として，あちらとこちらというような区別をつなぎあわせる力を持ち，その境界的な世界へと我々を引き入れるものであるということがいえよう。そして，対称性の世界というのは，多神教的な神であるスピリットが自由な方向に運動することができ，それらの位置や性質がどんどん入れ替わっていくという自由なメタモルフォーシス（変容，変態）が起こるという（中沢, 2003）。そういった世界では生と死が一体であり，そのような領域から1つの新しい生命を生みだすようなエネルギーの立ち上がりがみられるのである。

　このように異者とは，メビウス縫合型に示されるように，裏・表やあちら・こちらの区別がなく，その境界が曖昧になっているところに出現して

くるようなものであり，そこでは，我々と異者の存在は対称性を帯びている。そういった対称性を帯びた存在である異者の出現は予期できるものではなく，我々に接近侵入してきた際に，異者との関わりが否応なく始まっているのである。そして異者との出会いによって，通常考えられる普遍性やルールなどが突き崩され，わたしは何者であるのかというアイデンティティさえも揺るがされることになる。しかし，一方でそれは我々にとって豊饒性に富み，新たな生をもたらしてくれるものでもある。異者は，隔てられ手の届かないところにあるのではなく，誰もが持ちうる「不思議」の感覚であったり，理解を超える怪異の現象として現れ，そこで体験される内容そのものが異者の表象として描き出されるのであろう。

　そして，心理臨床において異者の訪れの1つとして考えられるのが，病いを抱えたそのときである。クライエントは何かしらの病い*2を持って心理臨床の場を訪れる。あるいは，病いがあるとき突然に，そして他ならないわたしに迫ってくる問題として訪れることで心理臨床の場に向かわざるを得なくなるともいえるかもしれない。そこから心理臨床の営みが始まるといっても過言ではない。病いを抱えることによって，これまでのルールや当たり前だと思っていたことが一気に崩される。そして，なぜわたしがその病いにかからなければならないのかと自分とのつながりについて否応なく考えさせられるのである。異者の訪れについてもう少し深めるために，病いを抱えるということについて考えてみよう。

---

*2　心理臨床の場に持ち込まれる病いは，精神の病いだけでなく身体の病いもあり，さらに生きる上での困難さという意味での病いもあるだろう。心理臨床においては病い自体を対象とするのではなく，病いを抱えた「人間」を対象としている。ただし本章では，病いとはあまりに広いテーマであるため，中心的に論じている「病い」を，特に心理臨床とかかわりの深い精神の病いに限定している。その中で，病いとは医学的分類によるものに限定はせず，個人が身体的，心理的，社会的な側面において，苦しみを感じている状態やそれによって表現されるもののことを指すものとして論じることとする。また，症状とは病いを実態的に表すものとして考え，病いに含まれるものとして取り扱う。

3　異者としての病い

　病いにかかるというのは非常に嫌なものである。病いは苦しいものであり，誰もが自分の身に引き受けたくはない。歴史的に見ても，人間は古くから病いに脅かされ，悩まされてきた。その時々に，人々は病いに抗い，それに伴って医学が発展してきたのである。しかし，いくら医療技術が進歩しても，病いそのものが人間の歴史から完全に消えさるということはなかった。人間は病いとともに生き続けてこなければならず，その中で病いの姿は様々に語られてきたのである。
　病いとは，災厄のように思いがけない出来事として不意に我々を襲ってくる「ノイズ」である（浜本，1990）といわれるように，我々の生活に突如として訪れる無関係の邪魔ものである。ところが，病いはただのノイズとしてあるわけでもない。ソンタグによると，病因や治療法の分からない病気については，"とかく意味また意味の波にもまれやすいものである。まず，深い恐れの対象となるもの（堕落，頽廃，汚染，無秩序，弱さ）が病気と同一視される。次に病気そのものが隠喩となる。そして，その病気の名において（とは，つまり，それを隠喩として使って），他のものまでむりやり恐怖の対象とされる"（Sontag, 2001/2006, p. 88）というように，病いの本態以上に怖れられることもある。さらには，病いを抱えることとなったクライエントは，心理臨床の場において「どうしてわたしはこの病いにかかったのでしょう？」「なぜわたしはこの病いによって苦しまなければならないのでしょう？」というように，しばしば病いの意味をセラピストに問いかける。病いは，突如襲ってくるノイズであり，恐怖の対象であり，何がしかの意味を問いただされるものである，というように様々な側面を持つ。病いは本来，中立的なものであると考えられるが，そこに様々な側面を含みこんで我々に体験されるのである。この点が，病いを異者の訪れとして考えることのできる特徴である。病いは，ただ単に我々にとっての「他者」としての存在ではなく，どこか自分とのつながりを感じずにはいられない

自分との「同一性」をはらむという性質を持っているのである。これによって病いは価値の定まらない異者として立ち現れる。

病いにおける「他者性」

　桑原知子は症状について，「具合の悪いもの」「うまくいかないもの」として現れ，身体，思考，行動，ひいてはその人の実存までもを，混乱させ，損なうものであり，自分自身との不調和を感じさせる「異物」として立ち現れるということを述べる（桑原，2001）。さらに，越智浩二郎は，症状は「ある困った状態」「危険な」「悪いもの」「常態を脅かすもの」として出現し，あらゆる症状が一括されて「悪いもの」「除去すべきもの」と意味づけられる可能性も備えていると指摘し，現実の臨床ではその可能性の方がしっかり実現してしまっているという（越智，1995）。このように，病いとは自分自身とは別のもの，さらには嫌なもの・悪いものとして，排除されるべきものとして認識される。病いは，外側から突如やってくる「異物」「常態を脅かすもの」などといった普段の生活，普通の状態を突き崩すものとして，我々には体験されるものなのである。

　さらに，河合俊雄は"病気の意味など分からないのであり，分からないことをこそ，病はつきつけてくるのではなかろうか。我々は健康であることを自明のものとして生きており，その自明性の中でこそすべてのものが意味づけを持っている。病とはそのような意味づけられた日常に開けられた隙間であり，裂け目ではなかろうか"（河合，1998b，p. 151）と述べ，病いの本質を意味づけようのない他者性を帯びたものとして考えている。大山泰宏も，人は一瞬一瞬の状況や出来事を解釈し，こころにとっての現実（リアリティ）を構成していると捉え，それを意味構成としたうえで，"症状を抱えるということは，この意味構成に収まりきれない部分を抱えざるをえなくなったということである"（大山，2001，pp. 152-153）と述べているが，ここにおいても意味づけられようのない病いの存在が語られている。病いとは日常性の裂け目であり，我々にとってなじみのある意味づけられ

た世界に収まらないものとして到来するのである。理解を超える他者としての存在は，我々や我々が生きる世界を脅かし続けるために，一刻も早くそれを排除し，元通りの日常を得ようとすることは自然なはたらきのように思われる。

　また，病いはときに診断され，病名がつけられる。青木省三は，診断されることで，自分自身ではよく分からない苦痛に，病名という形が与えられ，その病いが自分にとってのある種の異物となり，距離がとれるようになるという（青木，2005）。わけの分からない曖昧な病いに対して，病名をつけるということは，病いに明確な形を与えるかのような行為である。それは，一見病いを飼いならし，我々の意味づけの世界に囲いこむことのように思われるが，病いに名前を付けて対象化して扱うことというのは，病いの他者性を際立たせる行為なのである。ただし，それはあくまで外側から形が賦与されているというものであり，病いそのものについて，説明されるものでも，意味を与えられるものでもない。診断名がついて，病いを対象化して扱えるようになったということは，病む人にとって安心する1つの形を与えうるという面において否定されることではない。しかし，診断名がつくということだけでは，病いそのものを根本的に理解することにはならない。なぜその病いがその人のもとに訪れたのか，診断名をいくらもらってもそこにはその問いへの答えはないのである。診断名の中に病いを囲い込み，完全に他者として扱うだけでは，病いを抱えるその人と病いそのものとの本質的な関わりが断たれるということも起こりうるのである。

　このように病いとは，日常の世界を突き崩すように突如として現れるものであり，排除すべき異物なのである。そして，病いは意味づけられない，わけの分からない「他者性」を持つものであると考えられる。

病いにおける「同一性」

　ところが，病いはそのようにわけの分からない他者としての存在として語られるだけに留まらない。フロイトは"神経症の諸症状には，錯誤行為

と同じように意味があり，神経症の症状を示している当人の生活と関連があるのです"(Freud, 1917/1971，邦訳 p. 211) と，患者の持つ症状には「意味」があると捉え，積極的にそれを読み解こうとした。病いに意味があるという考え方は，自分との深いかかわりの源を病いの中に見ているという点で，それはすでに他者ではなく自分自身との同一性を持つということを示していると考えられよう。ヴァイツゼッカーは，どんな病気でも意味を持つと述べる。病的な機能はネガティブな意義しか与えられず，ポジティブな価値があるなどという可能性は排除されてしまいがちであるが，病的な事柄自体を心理学的に解釈することでそこに含まれる価値が明らかになってくるということを指摘する（Weizsäcker, 1988/2000）。また，グロデックも病いをエス*3の創造物とし，そのエスは，疾患を通して何かを表現しようとしていると論じる（Groddeck, 1925/2002）。病いは何らかの意味を持っていると述べているのである。ここでは，病いの意味というものは，自分の内から発せられるメッセージを表すものであり，排除すべきネガティブなだけのものに留まりはしないということが示されている。何か新たな意味を付与するという，病いの創造的な一面すら表されているように感じられる。また，波平恵美子が，病気は苦痛で不幸な現象であるゆえに，それに耐えるためにそれに様々な意味づけをし，病気が自分にとって何か「意味あるもの」となったときに病気を耐え忍ぶことができると論じているように（波平，1984），病いが意味を持つことで，それを抱える人にとっても支えとなりうるのである。

　桑原は，ユングの述べるコンステレーション（付置）という捉え方で浮かび上がる症状の「意味」について触れる中で，"症状が自分の「異物」として存在するのではなく，自分と深くかかわったものであること，「モノ」として処理できるものではなく，有機的な「働き」を持つものだというこ

---

*3　グロデックのいうエスとは，"人間を生かすものであり，人間をして行動させ，考えさせ，成長させ，健康にまたは病気にならせる力である。まとめていえば，人間を生かしている力ということになる"（Groddeck, 1923/1991，邦訳 p. 375）と表現するように，生命を司るエネルギー全体のようなものを意味していると考えられる。

とがみえてくる"(桑原，2001，p. 90)と述べている。症状は，自分とは関係のない「モノ」としての他者として立ち現れるのではなく，「自分と深くかかわったもの」として働くものであるということがうかがえる。それは，病いを持つ人にとって，症状とはそれだけを切り離して考えたり，取り扱ったりすることができないものであるということを示している。さらに，森岡正芳は「私の病い」は当人にとって苦痛でも，それを捨てることは痛みと不安を伴うものであり，時には自分の命を絶つということにもなると指摘する（森岡，2007）。中井久夫も，幻聴という症状であっても，それは「私が私である」ための特徴であると触れ，それが消えるとさびしいといった感情や，時にはその喪失感から死に至ることもあるということを述べている（中井，2007）。このように，症状を失うことは，ただ苦しみや煩いから解放されるということだけを意味するのではない。病いは時にその人の全存在に関わるもの，あるいはその人自身と等価なものとして現出するのである。病いを持った人間にとって，それが感覚的に自分の一部，自分との同一性を持つものとして体験的に感じられることもあるのだ。これは，病いがその人の人格形成に大きく関わったり，自己イメージの一部となりうることを示している。

　ユングは"神経症は決して単なるネガティブなものなのではなく，何かしらポジティブなものでもある"(Jung, 1964, p. 167)とした上で，"神経症が虫歯のように引っこ抜かれてしまったなら，彼は何も得ることがないばかりか，彼にとってまさに本質的なものを失ってしまうだろう"(前掲書同頁)とまで述べている。同じように，河合俊雄は，"症状は解消すべき否定的なものではなく，自分にとっての新たな可能性や自分のまだ知らない本質が含まれる"(河合，2008，p. 108)という。病いはそれを病む人にとっての本質的なものであり，それを失うことはその人の欠如を意味しているように思われる。症状や病いは，創造的な新たな意味を持つということに留まらず，それを抱える人にとって，その人の本質を指し示すものという，より深い意義すら感じさせるものとして語られるものでもあるのだ。森岡は"心身全体が関わり，生活や習慣，その人の価値観や世界観までも背景

におかないと理解しがたい病いがある。症状をその人の未完のものを示す何か，可能性としてとらえる"（森岡，2005, pp. 102-103）と述べ，病いを「私」性と切り離さずに捉えていくことの積極的な意味を示している。病いはそれを持つ人が，同一化し自己の一部となるということもあるのだ。

「他者性」と「同一性」の入り混じるものとしての病い

　病いはそれを病む人にとって，わけの分からない異物であり，日常性の裂け目に現れる「他者性」を持つものであった。そして同時に，多くの意味を包含しており，自分自身と切り離して考えることのできない本質を指し示すような「同一性」を持つものでもあると考えられた。病いは，それらのどちらであるかということを決めることはできず，それらの間を常に揺れ動くようなものであると考えられる。

　このような「他者性」と「同一性」が入り混じる病いとは，我々に何をもたらすのであろうか。河合俊雄は，心理療法においては問題や症状など本人からすると悩みや苦しみという欠損状態や否定的なものと関わることになると述べ，そこで心理療法における症状や問題こそ，後述する「超越」との関わりを持つと指摘する（河合，2008）。そして，超越が必ずしも肯定的であるだけでなく，否定的で破壊的であるという両義性を持つものであり，そこに超越の弁証法が認められるとする。そのために，"傷を負っているという聖痕（stigma）が聖なるもののしるしであるように，心理的な問題（スティグマ）や症状を持っているということこそが，聖なるしるしであり，超越との関わりを示している"とし，"症状とは超越を求めての希求なのであり，超越へのいざないなのである"（前掲書，p. 108）という。また森岡は，"苦は他者への通路ともなる。苦を通じて人は私でないものへと接点をもつ。それは同時に私の中の私でないものに接触することでもあり，象徴の変容が生じる契機ともなる。それだけでなく，私の中の私でないものに出会うときリズムが生じる。リズムは滞った時の流れを回復させる"（森岡，2001, p. 331）と述べていることも，河合（2008）のスティ

マとしての病いを抱えることで，超越に関わるということと関連するだろう。病いを抱えることで，現実的な意味でも，心理的な意味においても，日常性からの逸脱を余儀なくされる。そのことで，生活の様式が否応なく変化したり，これまで当たり前と思っていたようなことが突き崩されるというような価値観の変化が引き起こされたりするために，これまで生活していた世界とは異なる世界の中に身を置かなければならなくなる。つまり，病いを抱えるということは，「自分を超える」超越の体験との結びつきを深くするのである。そして，桑原が"「自分」を「越える」事柄について研究する時にも，この「自己」と「自己を越えるもの」の間に，「同一性」と「他者性」が共存することを見逃すことはできない"（桑原，2003，p. 190）と述べるように，超越の体験には両義的な性質が関わるようである。

　これらにおいて触れられている超越の問題は，「自分を超える」という意味合いで述べられているが，これは病いの持つ「他者性」と「同一性」とどう関わっているのだろうか。病いは，それを抱えることで，日常からの逸脱を余儀なくされ，自分ではどうにもならないものとして関わらざるを得なくなる。ここに病いの「他者性」が見られるのであった。さらに病いは，他ならない自分自身のものであり，自らと深くつながるものであるという「同一性」も持っている。このために，病いというものを完全な他者として単に否定することで，超越が引き起こされるのではないということが分かるだろう。さらに病いが，自らとの同一性においてのみ考えられるものであったら，そこに超越はみえないのである。つまり，「同一性」と「他者性」の混在するところに動きが生じてくるのであり，「同一性」と「他者性」のダイナミックな動きの中に超越の体験への道筋が見えてくるのである。

　病いが超越の体験と関連することが見えてきたが，もう1つ重要な点がある。河合俊雄は"心理療法における超越性に関して，もう1つ大切なポイントは，止むに止まれず，超越性に関わるようになるところであり，決して自分で選んでなるのではないところである"（河合，2008，p. 108）と述べるが，これは病いを抱えるという体験にもいえるだろう。誰しも望ん

で病いにかかるわけではなく，否応なく関係を迫られるものとして，それを引き受けることになる。仲敦は"誰も自ら望んで意識的に病む人はいないということである。病みや止みは，人の思いを超えて訪れて（音づれて）くるものなのである。とするならば，「病み」とは，人間の存在を超える，暗くて大きな一種の「闇」であると考えることができよう"（仲，2010，pp. 58-59）と述べる。そして，"「闇」とは行き止まりや終わりなのではなく，未知の世界への入り口なのであり，どこかへ通じる場所なのだということが暗示されているように思われる"（前掲書，p. 58）という。病いはこちら側の意図を超えて抱えさせられるが，そういった性質があるからこそ，超越へと通じていくように思われる。

4 「外で何かが起こっている」──事例1　キョウカさんの夢

夢に立ち返って

　これまで，病いは「他者性」と「同一性」が入り混じるものであり，その性質ゆえに，病いを抱える人を超越へと導くものであるということが考えられた。ここでは，病いの他者性と同一性から生じるダイナミクスと，そこから引き起こされる超越ということについて，本章冒頭に挙げた夢の事例を振り返ってみよう。特に，超越するということは実際に現実的な世界においては行われ難いことであり，それはイメージの力を借りて表現されることが多い。そのため，本章においては，事例の全体の経過を追うのでなく，夢を1つ示し，そこに見える病いのもたらすダイナミクスを考察していく。まずは，夢の理解を進めるためにも，簡単にではあるが事例の概要を示す。

【事例の概要】

　キョウカさんは20代の女子大学生である。キョウカさんは筆者が勤める

大学の学生相談室に訪れ，1年ほどの経過をたどり，症状の緩和が見られる中，卒業に伴い面接は終結した。来室当初のキョウカさんの訴えは，同じクラスにいる同年代の男性がいつもキョウカさんの様子を気にしており，わざとキョウカさんの目につくような場所で行動したり，学校内のいろんな場所でばったり会うことが多く，すごく嫌な気分になるというものであった。その人に，見られている，意識されていると思うと，息苦しくなって自分の作業が手につかなくなってしまうという状況であった。そういった状況が続いていくうちに，自宅アパートの階上の人の生活音が気になりだし，大家を通じて注意したところ，それ以来，階上の人はキョウカさんの行動を常に意識している気がして，自分には休まるところがないということを悲痛に訴えられるのであった。キョウカさんは，外界の出来事からの被侵入感が強く，日常の様々なことに気を張り巡らせながら生活していた。そこには，キョウカさんの自我境界の薄さ，つまり自他の境界の曖昧さが感じられ，いかに自分自身の存在を守っていきながら生活していくかということが課題に思われた。どこにも居場所がないと語るキョウカさんであったが，面接室は唯一，脅かされることなく落ち着いて話のできる場所であるようだった。

　キョウカさんは，面接の開始した当初，「どうしてそういう目に自分があうのか分からない」，「自意識過剰といわれればそれでおしまいだが，そう何度も何度も自分の身に起こるということが理解できない。わたしは運が悪いのか，でもそれだったら自分ではどうしようもない」と，自分ではどうすることもできない状況に苦しみ，そこからどうやったら逃れられるのかということを筆者に訴え続けた。筆者との面接を開始して半年になろうとする頃，いよいよ苦しくなったキョウカさんは，自分の状態はどういうものなのか診断が欲しいということで，自ら医療機関へかかることになった。しかし，そこでは軽いうつといわれただけで，キョウカさんにとっては解決策が断たれたように感じられ失望していた。

　そのような話をする中，キョウカさんが医療機関へかかってから数週間後の面接で冒頭に挙げた夢を報告した。繰り返しにはなるが，もう一度，

提示しておこう。

【夢】
　自分の家である六畳一間の部屋に座っている。その部屋のふすまが開いていて，その先には玄関のドアが見える。ふすまの向こうになぜかピンクのテディベアがつるされている。玄関のドアや郵便受けが，なぜだか分からないが外側から殴られたようにぼこぼこで，ひどくひしゃげている。すごく怖いが，外で何かが起こっているのかもしれないと思い，玄関の外に飛び出す。すると辺りは真っ白で何も見えない。

　この夢の連想について，キョウカさんは「自分の部屋の中にいるんですが，ものすごく怖い感じがしました。でも，何があったのか確かめなくてはいけないと思って，外に出たら死ぬかもしれないと思いながらも飛び出していったんです。外に出てみると，外は，光がまぶしすぎる感じで，白く光っていて何も見えなくて。そこで目が覚めました」と語った。
　この夢を語った後から，キョウカさんは面接の中で，「もしかしたら自分の何かが人を惹きつけているのかもしれない」，「自分の中から何かを表現するということが怖いし，それを人に意識されるのが怖い」ということを語りだすようになった。キョウカさん自身が病いの意味を自分の中に見出すような動きとして捉えられた。さらに興味深いことに，キョウカさんはある制作活動を行っていたが，その際に「自分を100％出す感じが分からなくなった」とも語った。また，「どこに行ったって自分が変わらなければ同じ」というような語りも見られ，自他の境界のあり方が変化し，キョウカさん自身の存在の輪郭がはっきりとしてきているようでもあった。その中で，自分のあり方や社会に出ることについての不安などについても触れられるようになったが，一方で，やっぱりこの状態は苦しくてしんどい，今すぐ取り除くことはできないということは分かっているけれど，ない方がいいのにということも面接の中で語られ続けたのであった。

キョウカさんにとっての病い

　面接当初，キョウカさんは自分の身に起きている現象を，「どうしてそういう目にあうのか分からない」と語っていたように，完全に自分の身に降りかかってきた災厄として捉えていた。ここにおいては，キョウカさんにとって病いとは，全く身に覚えがない，運が悪いという，自分にはどうすることもできない「他者性」を帯びた体験であったといえる。このような体験は，キョウカさんにとっては全く意味などないものであり，ましてや日常性を揺るがす異物としてしか捉えようのないものである。キョウカさんはそういった症状を「どうやったら治るのか」というように問い続けたが，それは異物を取り去るという方向で病いと対峙していたといえ，その意味でキョウカさんにとっての病いとは完全な「他者」であったのだろう。

　その中で，キョウカさんは医療機関に行き，診断名をつけてもらうことを望んだ。これは，わけの分からない症状に対して，外から名前を与えてもらい形を付与することで，なんとか病いを完全に自分とは違うものとして捉えようとする試みだったのかもしれない。しかし，実際にはキョウカさんに降りかかる得体のしれない症状に，キョウカさんが納得する形で名前を与えてもらうことはできなかった。本来ならば，「軽いうつ」という病名が医師から告げられているため，その病名を受け取って納得することもできたはずである。しかし，そうはならなかった。これは，そもそもキョウカさんにとってその病いが，名前をつけられることで自らに関わりのないものとして完結してしまうのでなく，自分とは切り離せない意味合いを持つものとして，意識的ではなくとも捉えられていたからだとも考えられよう。

　このことはキョウカさんにとって，（少なくとも意識的な面では）最後の頼みの綱が断たれたように感じられた。この出来事は自分自身で意味を見つけ出さなければならない，関わり続けなければならないということを意味するものだった。しかし，診断という外から与えられた形によって症状

を他者として扱うことができないということ自体が，逆にキョウカさん自身が病いそのものに向かい合い，病いの中に入っていくことの契機になっていったとも考えられるのである。このことは，キョウカさんにとってショックなことではあったが，ある意味，病いと向き合う準備が整った段階であったとも考えられよう。ここにおいて，病いを否定するという方向だけでは，超越に至らないということも見て取れるだろう。

夢で何が起こったのか

　このように，病いに対して手だてが失われてしまったように感じられたキョウカさんであったが，その後語られた夢は，キョウカさんの病いについて考えるうえで非常に興味深い。キョウカさんの夢には，病いを持つことと，超越するということの性質がよく表れているように思われる。
　夢はキョウカさんの「自分の部屋」から始まる。キョウカさんの部屋はプライベートな空間であり，キョウカさんの内側あるいは内界を示すように思われる。そこにいるキョウカさんは，キョウカさんの自我であり，主体であり，魂といえるようなものかもしれない。そして「その部屋のふすまが開いていて，その先には玄関のドアが見える」と，キョウカさんの視線の動きから，部屋の外，つまりキョウカさんの外側について意識が向いているという兆しを見ることができる。また同時に，部屋の中は「ぶら下がったテディベア」や「ひしゃげたドアや郵便受け」が存在し，すでに不気味な雰囲気が漂っており，内界が何者かによって脅かされ，すでに非日常的な要素が漂う境界性を帯びたものとして感じられる。この部屋の中で脅かされているという夢での感覚は，キョウカさんの日常生活での感覚を示しているのかもしれない。このまま「中」に居続けることで，外から脅かされ続けるというような逆説的な状況をもたらすということもいえるだろう。
　しかし，次の瞬間キョウカさんは，「外で何かが起こっているかもしれない」と部屋を飛び出していく。ここでは得体のしれないものに関係を強

制的に迫られており，外のもののはたらきによってキョウカさんが誘いだされているようである。さらに，「外に出たら死ぬかもしれない」と語っていたことを踏まえれば，キョウカさんが命をかけて飛び出しているということが，この夢において非常に重要な点であろう。ここでは，イメージのはたらきということが大きな意味を持つと考えられる。現実世界で命をかけて超越を成し遂げるということは非常に難しいことであるが，キョウカさんが夢の中で，「死ぬかもしれない」という生死をかけた営みを，実感を伴って成し遂げているからこそ，超越との関わりが生まれてくるのだと考えられる。河合俊雄が，"超越は必ずしも肯定的ですばらしいものでなく，……死にさえ至るものと関係している"（河合，2008，p. 106）と述べることに通じてくるだろう。また，民話や異界論においても，境界を超えて異界に足を踏み入れるということは，帰って来た時には豊饒性や富を手に入れることが可能になるが，失敗すれば，異界から出てこられない＝死をも意味することになるということは指摘されている（小松，2002）。そのため，キョウカさんの命をかけて外に飛び出したという行為は，超越するということの本質を示していたといえよう。

　ここで興味深いのは，キョウカさんの夢は，何かに迫られ飛び出した後，「外は，光がまぶしすぎる感じで，白く光っていて何も見えなくて」と語るように，ホワイトアウトという形で終わっているという点である。これはどういうことなのだろうか。ホワイトアウトとは，雪景色の中，光の乱反射のために天地の区別や方向・距離などの感覚が失われる現象を指すものである。夢の中においても，キョウカさんは方向感覚を失うどころか，すべてが白い光に包まれ，キョウカさん自身の存在すら，その中に融解していくようなイメージが浮かぶ。ここで起こったことは，キョウカさん自身の自己の視点の喪失であり，さらにいうならばわたしと外界との境界の消失，つまり「死」を意味しているのではないだろうか。キョウカさんは，何者かに迫られるという外側の要因と自ら「確かめなくては」という内的な要因の，いわば他者性と同一性のはたらきの中で「飛び出した」後，わたしという主体が失われたが，それは外の世界へと融解した，いわば「死」

の体験であったと考えられる。つまり，超越の体験とはわたしという主体をわたしではない何者かに委ね，わたしが消失することで，「わたし」と「病い」という関係の次元を超えることを意味しているのではないだろうか。これは，侵入され続ける「わたし」というところから解かれることであり，それは，もともと持っている「わたし」を強くしたり，それを変化させようするのではなく，いったんすべてが融解してしまうということが重要なのだろう。これが，キョウカさんが成し遂げた超越の意味するところだと考えられる。

　この動きは「わたし」と外界の境界の消失であるとともに，その瞬間にキョウカさんにとって新たな内側と外側が生成されたようにも思われる。それは，この夢を報告したあたりから面接の中で「内」や「外」について触れる語りが増えてきたことに表れているかもしれない。「自分の中の何かが人を惹きつけているかもしれない」「自分の中から表現することが怖い」あるいは「社会に出ていくことの不安」とキョウカさんは語りながら病いの意味を問いはじめた。また，「これまで，自分の状態を自分で抱えられずに，周りのだれかに自分の状態のことを話していたが，そうすることで自分がしんどくなってしまっていたことに気付いた」と，これまでの境界の弱さから生じていたと思われる他者との関わりも自分自身の感覚とともにそのあり方が実感されているようであった。この出来事は，内面をしっかり固める作業をして，そこから外と関わりを持てるようになったというような近代的意識のあり方ではなく，全部消失することで新たな内も外も生じてくる，いわば境界線が中心となって生起するようなものとして考えられるかもしれない。それは制作活動にこれまで違和感なく打ち込んでいたキョウカさんが突如「自分を100％出す感じが分からなくなる」と語ることにも表れている。この感覚はキョウカさんにとって決して良くないことではなく，いったんこれまでのわたしや世界が消失し，新たに境界が生じたことで生み出される〈わたし〉の感覚を再度確かめ直す作業のように思われるのである。

　病いの意味を問いはじめたことも「自分の内部」について視点の変化を

示すものであり，越境したことで内的に病いと向き合う作業が開始されたと考えられる。部屋の外側に飛び出すことによって，自分の内側に症状の意味を見出すことになったが，それは自分の外にあると思っていた病いが自分自身と深く関わるものであるという気づきにつながったからであろう。ここでは，いったん世界が融解し，象徴的な死を体験したあとに新たな内部と外部の境界が生じてきているように思われる。ただし，このような作業もキョウカさんにとって非常に苦しいものであることは間違いなかった。超越の体験はキョウカさんの境界の消失と新たな境界の生成をもたらしたと考えられるが，それはある意味，病いとの関わりを深めるものとなったともいえるだろう。そのため，キョウカさんはその後も，自分の内に病いの意味を見出しながらも，やはりこの症状は苦しい，どうやったらなくなるのかという思いを抱え，その間を揺れ動き続けていたということは記しておきたい。

　キョウカさんは，外側から名付けられないということに直面し，病いの中に入っていく契機を得た。そのことで，「外に飛び出す」ということが生じ，自らの内側に病いの意味を見出すという動きが起こってくる。これは，病いをなんとか捉えようとする動きから，いったん解き放たれ，自分自身とのつながりを感じ，さらには病いから自らが指し示されるようなものとして変化していったというようにもいえるだろう。

　キョウカさんは夢で象徴的な死の体験を経て，新たな境界が生じてきたと考えられる。病いがもたらした体験——異者との出会い——はこのような「他者性」と「同一性」，自分の外と内といった対極的なものの中でダイナミクスを生じさせる。この一連の変化はキョウカさんが成し遂げた超越によってもたらされていると考えられるだろう。

5　超越のもたらす変容

　このような病いがもたらす超越への道筋は，我々を変容へと導くようで

ある。河合隼雄は，井筒・ヒルマン・河合（1983）の中で，夢分析において自分の意識を超えた何ものかが存在すると感じたときに変容が起こり，そうした何か超越的なものに対するセンスを持った後は，すべてのものごとを，意識を中心とした見方ではなく，深い観点から見ることができるようになるということを指摘している。また鎌田東二は，"「超越」に際しては，「世界をこえる」という世界転換のみならず，超え出た先でその異世界の存在（それが神や仏や精霊や死者や宇宙人である場合もある）と出会い，それによって多大な変化や変容を蒙ることになる"（鎌田，2008, p. 82）という。病いを抱えることで，そこにはすでに超越への胎動が見られ，その先には変容が見えるのである。

　しかし，ここで注意しなければならないのは，超越によってもたらされた変容の力の大きさである。たいてい，病いや苦しみを抱えたクライエントは，それを排除して「もとどおり」の状態になることを望む。それは，病いを抱えた状態が，通常の状態が損なわれている，何かが欠如している状態であると捉えているからである。しかし，病いが超越との出会いへと導くものであるならば，それは我々を超える大きな力を持つと考えられよう。渡辺雄三は，心理療法に生じる超越性を「私の中の私ならざるもの」の「私を超える大きな働きや存在」として論じているが，その超越性には"狭量な自我を教え導き，深い知恵を授ける肯定的な働きだけでなく，現実的な自我を圧倒し，破壊し，逃亡させるほどのすさまじい暴虐な力の働きも潜んでいることは，重々に承知してないといけないだろう"（渡辺，2006, p. 18）と述べる。つまり，超越を体験することは我々に大きな気づきや深い視点をもたらすというようなプラスの方向に転じることと同時に，暴力的な破壊というマイナスの方向に転じるという可能性も秘めているのである。超越がもたらす変容は，必ずしもポジティブなものだけではなく，ネガティブなものへの転換という危険も含まれるということである。

　また，変容というものは，これまで当たり前であるとか，正しいと思っていたものが一気に覆されるという事態も引き起こす。これを体験することは，非常に恐ろしいことであり，自分自身の存在の基盤が大きく揺るが

される体験でもある。それは，象徴的な意味での死の体験であると考えられるが，病いがもたらす変容が引き起こすインパクトの大きさを認識しておかなければならない。本多正昭は，宗教的超越について東西の宗教観を統合しながら論じているが，その中で"私が真の「私」と成るためには，超越的主体である神に出会わなければならない"(本多，1985, p. 338) とし，そのためには消失点 (vanishing point) を過ぎ超すことが必要だと述べる。この消失点とは，絶対否定であり，絶対の無であり，死を指している。つまり，超越的主体に近づくには，我々が死を通過しなければならないという逆説的な動きが必要だという。キョウカさんは夢の中で外へと飛び出し，象徴的な死を体験したと考えられるが，その地点がこの消失点だったのかもしれない。しかし変容へと導く超越は象徴的な死とも深く関わるが，ときに現実の死へとも転じる恐れがあるということは決して忘れてはならない。

　ここまで見てきたように，異者との出会いは，病いを抱えるということから生じる超越と変容という点にその性質を見ることができるだろう。ここでは，何者かに対して主体を明け渡すことで，変容という動きにつながっていくことがうかがえる。自らが病いに対して，どう関わろうと，また，どう意味づけようと，外側から関わるのでなく，わたしと病いとの境界が消失し，わたしの病いということから抜け出たときに初めて新たな地平へと立つことができる。異者との出会いとは，そのようなダイナミクスを経て，我々を変容へと誘うと考えられる。

　それを踏まえると，病いを抱えるクライエントを前にして，心理臨床家が行うことは，病いを取り除こうとするのでもなく，病いに意味を与えて手中に収めようとすることでもないように思われる。心理臨床家は，クライエントの病いの持つダイナミクスを止めることなく，それがもたらす超越と変容の道へクライエントが進むことを支えていくことが大事なのではないだろうか。

6　意図を超える訪れ

　このように異者の現れを「病い」という1つの例をとって見てきた。異者とは，我々の生活の中に突如として現れ，あちらとこちらをつないだ境界的な世界へと引きずり込むものである。そしてそこでは，これまでの世界や「わたし」を突き崩す恐ろしい体験がもたらされるが，同時に新たな境界が生み出される可能性も秘めていると考えられた。

　このような体験は，心理臨床の場においても実際に起こっていることとして考えられる。例えば，クライエントが何かしらの症状や問題（とされているもの）を抱えてくるということの他にも，面接室の中で表現される箱庭や描画，クライエントによって報告される夢などが圧倒的な力を持ってセラピストとクライエントに体験されることがある。そこでは，我々が考えていたもの，用意していたようなものを遥かに超えるような豊饒性がもたらされる可能性があるだろう。それまでクライエントやセラピストが持っていた常識・非常識の境界すら打ち破られることもある。

　異者とは先述してきたように，我々が日常の生活を送る中でも突如体験されうるものであった。我々にとって，いつ起こってもおかしくない，ある意味身近なものであるともいえる。異者は，それが我々に接近侵入したときに初めて問題となるものであり，我々はそれが体験されたときに初めて異者と出会っていることを認識するのである。そして，それが体験された人にとっての「異人」として，「異界」として十人十色の表象をとって語りだされていると考えられる。こういった意味で，異者とは個別的な「体験」という形でしか触れることができない。

　アリストテレスは，物事が生成する偶然性について分析する中で"アウトマトン αύτόματον（自己偶発）"と"テュケー τύχη（偶運）"という概念を提示している（Aristotle, DC350頃 /1968）。その中で"テュケー"とは，人の行為に関して見られる偶然の出会いを意味しており，何らかの目的をかなえるために行ったことに対して付帯的に何かが実現する原因として捉えて

いる。そして，テュケーは不定なものであり，人間には不明不可解なものと表している。これに倣って，ラカンは，テュケー（tuché）を"現実界との出会い*4"（Lacan, 1964/2000，邦訳 p. 72）と表現した。そして，現実界の出会いとしてのテュケーは，精神分析の文脈の中で"主体の中の「同化できないもの」という形"で，"主体に一見偶発的な"（前掲書，邦訳 p. 73）ものとして現れる「外傷」として説明される。これは，テュケーが，それが体験されるその時点において，我々の意図や我々自身を超えるものとして出会われるということを意味していると考えられる。この点は，異者との出会いを考える際に，関連することだと思われる。異者との出会いの体験の性質や表象は個別的で，それを体験した者との関係において現れてくるものであるが，それはキョウカさんの夢に突然やってきた「何か」のように体験者の意図やコントロールを超えて「訪れる」ものである。ラカンはそれを触れられないもの，出会えないものとして語るが，異者との出会いとはそこに引き起こされる「体験」にフォーカスしていくための1つの視点であるといえるだろう。

　異者とは，個別的な「体験」という形でしか我々には触れることができず，体験するこちらにはそれを予期したり，ましてや操作したりできるものではなく，偶然の形でしか訪れないものである。そして，それは誰しもが遭遇しうる。だからこそ，心理臨床においてその体験を問うていく意味があると考える。それでは，第2章，第3章とクライエントの体験を詳しく取り上げながら，わたしたちも心理臨床における異者との出会いの場に立ち会うことにしよう。

---

*4　この出会いもあくまで"本質的に出会い損なったものとしての出会い"（Lacan, 1964/2000，邦訳 p. 73）である。

第2章 "異"なるもの《身体》

「ひとところにいられない」と語る マミさんとの面接過程より

1 自分の身体が異者になるとき

　さて，この章で取り上げるのは，《身体》という視点である。序章でも触れたように，身体は我々にとって両義的で曖昧な存在として感じられる。サルトルは，自己自身を意識している存在としての人間を対自存在（l'être-pour-soi）[*1]として捉えた（Sartre, 1943/2007）。この言葉を借りれば，我々にとって対象化して捉えることのできる身体は，対自的な存在であるといえる。その一方で，我々の身体は，他者によって客体としてまなざされる対他存在（l'être-pour-autrui）としてもある。身体とは，我々にとって生きられている本体であり，自分にとって見ることができ，自ら対象化して捉えることのできるような存在であり，他者からまなざしを受ける客観的な物体としても在るという，実に複雑なものなのである。

[*1] これに対し，自己意識を持たず"存在はそれ自体においてある"（Sartre, 1943/2007, 邦訳 p. 64）というあり方（物や動物）を即時存在（l'être-en-soi）としている。

また，大山は，お腹が人前で鳴ったときの恥ずかしさを例にとり，お腹がわたしとわたしならざるものの中間的な位置，すなわち「身内」の位置にあるということを指摘する（大山，2009）。これはつまり，身体がわたしにとってわたしとわたしならざるものの中間領域にある両義的なものであるということを意味する。第1章において，病いが他者性と同一性を帯びていることを述べてきたが，この意味でいえば，身体もまさしくその両義的な位置にあるということがいえるだろう。身体とは，我々が征服できず，同時に我々自身のものであり，我々自身と最も関わりが深いといってもいい存在である。この複雑で謎に包まれた存在であるからこそ，そこに異者の体験が出現すると考えられる。

　ここでは「ひとところにいられない」ということを語ったマミさんという20代女性の事例を取り上げる。マミさんは心理療法が進む中で，自らの身体との関わりが変化していった。最初は「理解不能な荒ぶる身体」に翻弄され，「マミ子ちゃん」としていったん自らとは「全く切り離された対象としての身体」として扱うことができるようになり，そして，わたし自身であり，わたしのものであり，「世界との一体性をもたらすもの」というように大きな転換を経ていく。つまり身体の体験が変化していったのである。身体は我々にとって非常に身近な存在であり，つい自分がすべてを支配していると思いがちであるが，そうではない。本章では，身体が様々に立ち現れる様子を見ることができるだろう。それでは，《身体》という切り口から，異者との出会いの様相に迫っていこう。

　身体のテーマは心理臨床と切っても切れない存在であるため，まず，身体が心理臨床においてどのように扱われてきたのかということを概観したうえで，次なる異者との出会いに足を踏み入れてみよう。

2　心理臨床と身体

心理療法の誕生と心身二元論

　こころの問題を扱う心理臨床においても，身体は疎外されるべきものではなく，大きな関心事となる。河合隼雄が"心理療法を行うものは，身体のことを相当に考慮しなくてはならないし，身体の病気の治療に心理療法が関係してくることもある"（河合，2003，p. 3）と述べるように，心理療法においてこころと身体の問題は切っても切れない関係にあると考えられる。ここではまず，心理臨床において身体がどのように扱われてきたのかをまとめてみよう。

　大山が，"心理臨床のもっとも中心的な営みである心理療法は，そもそも心を身体から分離して扱うことから始まった"（大山，2009，p. 13）と述べるように，心理臨床においては，こころと身体が切り離されて初めて，それが心理学の独自性を切り開くことになったという内実がある。それは，現在の心理療法の起源ともいえる精神分析が心因ということに注目したことに端を発する。それ以前の19世紀末頃までは，精神症状に対しても，例えばミッチェルの休息療法のように食餌療法やマッサージ，電気ショックなどの身体に対する加療が行われていた（Mitchell, 1877/1911）。そこでは，精神症状は器質的な異常が原因となって引き起こされていると考えられ，身体的な治療が進められていくのが一般的であった。身体に現れる精神症状については，身体とこころは分けられる必要もなく，内因的な原因に帰せられるものであった。ところが，シャルコーやフロイトなど神経科医が扱う患者の中に，器質的な問題はないが，歩行困難，視聴覚の失調，失声，失神発作など身体機能に障害が生じることがみられるようになり，それらは身体的な原因に還元できないものとして，心因性という考えが生まれてきた。このような症状は転換性のヒステリーとして考えられ，ここにおいて，身体とこころが別々に分かたれて扱われるようになったのである。フ

ロイトが創始した精神分析においては，転換ヒステリーとは心的葛藤が抑圧されたものが身体症状として転換されて発現したものとして考えられる（Freud, 1895/1974）。心因という考え方は，身体に現れる症状を，こころの問題が表現されたものとして見ているものである。ここで身体とこころは別々のものとして考えられ，こころの問題は身体に現れるという新たなつながりを生むことになった。このために身体的な問題が原因に帰せられる疾患と，心理的な問題が原因に帰せられる身体症状との治療法や病因論がそれぞれの領域において分かれて発展していくことになる。

　心理療法においては，こころと身体を分離して考える二元論的な志向性によって，その治療法や理論が発展してきた。現在の心理臨床において，身体とこころはまったく切り離されたものであるというような考え方は，まずないと思われるが，そこにはいまだ二元論的な考えが強くあると考えられる。河合俊雄は心理療法において心因性と見なす場合に，常に身体因が排除されているという消去法的な判断に基づいているといい，また，心因性の症状を扱おうとする心理療法において，身体を除外しようとする立場も，それに反駁して身体を積極的に取り入れていこうとする姿勢も，どちらにしても二元論的な立場から逃れられていないということを指摘する（河合，1998c）。そして，"心身二元論的な考え方は，心理療法においても支配的であることは意識しておく必要があろう"（前掲書, p. 135）と述べる。心理臨床において，身体とこころが分かたれたことで心理的な問題に対して明確に扱うということが可能になってはいたが，いつまでも身体とこころは互いに対置されるものとしての立ち位置を免れ得ないのである。

心身症の提起する身体とこころ

　そのような心理臨床におけるこころと身体の問題において，別の視点を投げかけるのが心身症をいかに考えるかというテーゼである。アレキサンダーよって，消化性潰瘍や気管支喘息など特定の身体疾患において心因が関与していることが指摘されて（Alexander, 1950/1997），心身症という疾患

について関心が高まるようになる。そして現在でも、「心身症」という身体疾患は心理臨床においても大きな関心事として扱われている。

日本心身医学会教育研修委員会によると、心身症とは"身体疾患の中で、その発症や経過に心理社会的因子が密接に関与し、器質的ないし機能的障害が認められる病態をいう。ただし神経症やうつ病など、他の精神障害に伴う身体症状は除外する"（日本心身医学会教育研修委員会，1991，p. 541）と定義されている。これは、心理的な問題を身体疾患の原因とするような考え方ではなく、身体の疾患と心理社会的な因子の「密接な関与」について焦点を当てるものである。心身医学においては、心身一元論に基づき心身両面から総合的に病態を理解しようとする全人的医療が目指される。そこにおいて、身体からこころを分離して取り扱おうとする二元論を乗り越えようとする動きが見られるのである。ところが、心身症概念を批判的に検討している梅村高太郎は、心身症に対する心理学的な病態理解と治療仮説を持っている研究においては、"心身症では心と身体が乖離されてしまっていて、その失われたつながりを取り戻し、全体性を回復せねばならないという考えが、すべての研究に通底している"（梅村，2008，p. 441）と指摘する。これは、心身一元論へと回帰しようとする動きであると考えられるが、こころと身体を切り離されたものとして「つなぐ」という時点で、河合（1998c）が指摘しているようにこころが身体と対置されたものとしての二元論的な枠組みからは逃れられていない。

「魂」という概念の導入

このような心身二元論を超える見方として、河合俊雄が挙げているのが、"すべてがイメージであり、すべてが魂である"（河合，1998c，p. 136）という一種の一元論的な見方、そしてもう1つが心身三元論である。

河合によると、一元論的な見方とは、あらゆる身体症状をイメージとして捉え、こころの病いだけでなく身体の病いも同じように引き受けていくシャーマンの治療のスタンスとして説明される。ここでは身体＝魂として

考えることで，心身二元論的な見方を克服することが提案されている。また，山中康裕は，心理臨床で出会う事例における実情から，こころと身体をデカルトによる心身二元論として捉えるのではなく，「こころ／からだ」統一体として「たましい」と扱うことの必要性を述べている（山中，2002）。ここにおいても，こころとからだの統一体という心身一元論的な「たましい」の位置づけを見ることができる。

　一方，心身三元論とは，古代ギリシャの世界観において，身体（soma），プネウマ（pneuma）[*2]，魂（psyche）の三分法として考えられているもので，心理療法は精神でも身体でもなく魂に仕えるものとして考えうるという（河合，1998c）。ただし，古代ギリシャでは，身体（soma）と魂（psyche）のどちらも「生命」にあたる言葉として使われており，前者は物質的で肉体・身体という意味合いが強く，後者は魂・こころ・精神という意味が含まれている。そしてプネウマ（pneuma）は，気息といわれるものであり，生き物の欲求や力の源として身体に作用したり，万物をめぐる気としてのはたらきが強調されるようなものである（廣松ほか『岩波哲学・思想事典』，1998）。このため，ここでの身体（soma），プネウマ（pneuma）がそのまま，デカルトの心身二元論に対応するものではなく，二元論的な捉え方を乗り越えようとする1つの視点として捉えられる。これはヒルマンによっても，"魂を，身体の観点（物質，自然，経験主義的なもの）と心（マインド）の観点（精神，論理，観念）との間にある第三のもの（tertium）として位置づける"（Hillman，1983/1993，邦訳p. 19）と述べられていることから，身体を魂と考えるのではなく，こころと身体とは別の位置づけに魂をおくものである。また，角野善宏は，ヒルマンの第3のものとしての「魂」の位置づけを引き継ぎつつ，"魂の，心と身体を仲介する中間に位置する機能"（角野，2000，p. 165）に注目し，身体とこころと魂の関係から症状を理解することを試みている。

[*2] 日本語では「精神」と充てられているが，ここでは混乱を避けるため「プネウマ」と記述しておく。

このように，心理臨床においていかにこころと身体を扱うかという議論において提示された「魂」という概念は，身体だけを重視するでもなく，こころだけにも偏らないようにするためのものとして導入されていると考えられる。このことは，心理臨床において身体を，心身二元論的なこころとの関係にとらわれずに扱っていくことの難しさを示し，そしてそれを乗り越えようとする上位の概念が必要とされているということを意味しているように思われる。もちろん，このような議論においても，魂を実体化してしまうことで，身体やこころと対置されるものとして捉えられる危険性がないわけではない（河合，1998c）。

　心理臨床において，身体をどのように考え，まなざすのかという点は，デカルトの心身二元論がしばしば引き合いにだされるように，我々に染み付いているこころと身体を分けるという志向性をいかに克服するかというところにかかっているように思われる。そこでは，魂という概念が用いられているように，身体を実体としてだけ捉えることへの限界があるのではないだろうか。身体は，もちろん自らが触れることのできる実体として存在するものであり，医学的・生物学的にはほとんどが説明可能な物体として存在する。しかし，河合隼雄が，心理臨床で扱っているのは，本人が主体的に生きている「からだ」であるということを述べているように（河合，2003），心理臨床においては我々にとって生きられている主観的な身体が問題になる。その身体は，我々にとって完全に把握しきるということは不可能なものでありながら，自らのコントロールも幾分かは可能なものなのである。これは，我々にとって身体が他者でもなく，自らそのものでもない，まさに異者の位相にあるものとして考えられるだろう。そこで，本書が異者との出会いに迫る際に，その体験に着目して取り上げるものであることを踏まえ，本章では，身体を「体験として現れるもの」として検討することを試みる。実体としてだけの身体でもなく，こころを補償するという位置づけでもなく，「体験」として我々と世界の界面に生じてくる身体の様相に迫り，心理臨床において身体を捉える新たな視点を提示してみたい。

3 世界とつながる身体——事例2 マミさんの身体観

　先に触れてきたように，心理臨床における身体は，心理療法の成り立ちとも関わり，こころと対置するものとして捉えられるという傾向にあった。そのために，心身二元論的なこころと身体のあり方をいかに克服するかということが，心理臨床における1つの重要な議論として取り上げられていた。そこで，本章では新たな視点を提示すべく，身体を我々と世界の界面に立ち現れる体験として捉えるということを試みる。

　身体が，その人とその世界との間にいかに立ち現れるかという点は，非常に個別的なものであり，その人と世界との関係のあり方によって様々に考えられる。そのために，そこで立ち現れる身体とは，固定的なものではなく，変化しうるものでもあるだろう。本章では，同じ1人の人の中に身体がどのように立ち現れ，体験されているかという点を事例研究によって，経過を追いながら検討していく。ここでは，ある20代後半の女性の事例を取り上げる。本章の初めに触れたが，この事例においては，クライエントにとっての身体の体験のされ方に変化を見ることができ，それはクライエントと世界との関わりの変化と大きく関係していると考えられた。そのため，世界とクライエントとがいかに関わり，その中で身体がいかに体験されているのかという観点から，面接経過を考えることで，異者としての身体の様相を浮かび上がらせることができるのではないかとの思いから，この事例を取り上げることとした。

【事例の概要】
　本章で取り上げるのは，20代後半の女性クライエント，マミさんである。マミさんは「気分の波が激しくてしんどい」ことを訴えられ，筆者の勤める精神科クリニックを訪れた。約1年半の経過で多くのキャンセルを挟みながらも30回ほどの回数を経て，症状の緩和も見られはじめたところで，クライエントの転居に伴い面接が終結したケースである。マミさんは，筆

者の勤める精神科を訪れる前にも，数ヶ所の医療機関や相談施設に通ったことがあったが，どこも２，３回の通院・通所をしただけで，行かなくなってしまうという経過を経ていた。クリニックでは，マミさんは双極Ⅱ型障害の診断を受けており，精神科の診察・投薬と並行してカウンセリングを行っていた。

　面接経過において，マミさんには自分自身の身体との関係の持ち方や体験のされ方が変化していく様子が見て取れた。そのことが，マミさん自身のあり方の変化や症状の緩和につながっていたとも考えられる。本章では，マミさんと身体との関係の変化について追う形で，それを大きく「面接初期（インテークすなわち初回面接から半年）」「面接中期（半年から１年ほど）」「終結期（１年過ぎから終結まで）」の３つの経過としてまとめ，事例を検討していく。なお，この経過は，身体の関わり方の変化に沿うように分けられているが，それほど厳密な期間として分けられるものではなく，その期間を目安として，それらを跨ぎながら緩やかに変化していったものとして捉えていただきたい。

　また，本事例において，身体との関わり以外にも，事例を検討する上で重要なポイントはたくさんあったと考えられるが，ここでは，特に身体との関わりの変化がマミさんの変容といかに関わっていたかという点に焦点づけて論じていくことを付言しておく。

Ⅰ．面接初期（インテークから半年頃まで）

　マミさんは初回面接から，「気分のアップダウン」と「ひとところにいると不安になる」という主訴について語っていた。面接が進む中で，「気分のアップダウン」については，感情の波が激しく，2,3時間程度でも自分の気持ちが変わっていき，自分でもよく分からないということが語られる。「ドーンて落ちちゃうと，身体がまったく動かなくなってしまう」「きっかけも自分でよく分からないし，また突然気持ちが落ちたらって思うと，友達と約束もできない」「自分でもジェットコースターみたいだと思う」

というように，完全に自分のコントロールを超えている感情の波に翻弄されているようであった。また，時折，過換気や動悸などの身体症状も起こると訴えており，突如襲ってくる症状についても，とりあえず通りすぎて治まるのを待つということを語っていた。「どうして今，過呼吸になるの？っていう時になったり」「また邪魔されたっていう感じ」と，突如現れる症状にうんざりする様子であった。わけの分からないものに振り回されて，マミさん自身も疲れ果て，途方に暮れる様子が筆者にも伝わってきていた。

「ひとところにいると不安になる」ということについては，マミさんは，これまでの人生の中でも，学校や職場，友人・恋人関係など「ここにいていいのか」「もっといい場所やいい人がいるのではないか」という気持ちが湧いてきて，次々と場所や相手を変えてしまうということを語り，それについて罪悪感も抱いているようであった。一方で，「他人の顔色ばかり気にしてしまう」「今，こういうキャラでやらないといけないってなっちゃって，それがしんどくなってしまう」と，他者に対して気を使いすぎてしまい，それにあわせて行動するが，そうなると今度は本当の自分とは何なのか分からなくなってしまうという。マミさんは，面接中も，沈黙になったり話すことがなくなったりすると，そわそわとした様子を見せ，落ち着いてその場にいるということ自体がしにくいようであった。筆者との関係においても，当初は非常に気を使っている様子がうかがえ，マミさんの「ここにいていいのか」という思いは，マミさん自身が「ここにいていいんだ」ということを実感できないということからきているようにも思われた。

マミさんは，小さい頃から習い事もたくさんしており，多趣味ではあるけれど，何も本気になってやったことがない気がするということを寂しそうにも語っていた。「自分はふらふらと出歩いてしまうが，そっちのほうが気が楽で向いているかも」といいながらも，どこかで安定した気持ちや関係を求めている様子もうかがわれた。それは，これまで継続しなかった通院を，「今日は来るか迷ったんですけど」といいながらも，続けてこら

れている姿からも感じられていた。筆者は続けてきていることをねぎらい，細々とであっても面接を続けていくことを2人の目標として話し合った。

　一方，マミさんは，スキーやサーフィンが好きで，休日に海に出かけて波乗りをしたり，冬のシーズンには雪山にスキーをしにいくことをよく語った。「……海行ったり，山行ったりしてた頃は自分をちゃんと保てている感じがあった。サーフィンしたり，スキーしたりしていると，仲間もいて自分の居場所という感じがあるが，家にもどるとガクっと。自分の居場所がなくて自分がなくなってしまうような感じがある。スキーの仲間がというより，スキー自体が居場所という感じ」と語り，山や海に対して，「自分がどんなに揺れていても自然はいつも受け止めてくれるし，絶景も見せてくれる。誰に対しても公平で，きびしいこともももちろんあるんだけど，みんなに同じ顔を見せてくれる感じは安心できる」と表現しており，マミさんは，自分自身を安定して受け止めてくれるようなものの存在を求めているように思われた。

「ひとところにいられない」わたし

　それでは，ここまでのマミさんの面接経過について検討してみよう。

　マミさんは「ひとところにいると不安になる」といい，実際に職場や対人関係が長続きせずに「ひとところにいられない」状態を繰り返していた。これはどういうことなのだろうか。まず，双極Ⅱ型障害とは，大うつ病エピソード[*3]に軽躁病相を持つ気分障害の一型であるが，性格と病気がスペクトラムとして連続する傾向が認められること，そして症状の変幻自在さと神出鬼没性がその特徴とされる（内海，2006）。そして内海（2008）は，双極Ⅱ型障害の患者が持つ心理について"対人過敏性"を挙げ，「他人からどうみられるか」「他人に必要とされているか」という形態をとり，他

[*3] 単極型のうつ病症状のこと。抑うつ気分の顕現や興味・喜びの消失など，いわゆる「うつ病」を指す。双極性障害とはいわゆる躁うつ病のことであり，このうち躁病相とうつ病相を繰り返すものが双極Ⅰ型，Ⅰ型のように重い躁病相でなく比較的軽度の躁病相（軽躁病相）とうつ病相を繰り返すものが双極Ⅱ型と分類される。

者による自己評価や自己確認が常に問題になるという。まさに，マミさんは「他人の顔ばかり気にしてしまう」と語り，筆者に対してもそのような傾向が見られた。ところが，そのために，自分自身のことも分からなくなってしまうというように，その場の状況によって流動的な対人関係を築いてきたと思われる。それは，マミさんが対人関係を作っていく「自分」そのものが支えられるような基盤が薄く，他者に合わせ続けるという形でしか，関係が結べなかったからであろう。マミさんは「ここよりももっといいところがある気がして」別のところに動こうとするが，それはそこにいてもいいという他者からの承認が得られないような感覚が常にあったのではないだろうか。どこに行っても，自分は「ここにいていいんだ」というような感覚に乏しく，それが「ひとところにいられない」というマミさんのあり方として表れていたように思われる。マミさんは「ここにいてもいいんだ」という存在そのものを支えるような感覚を求めて，次々と新たな場所や人間関係を探し続けていたのかもしれない。

　そういった大きな支えを希求していることは，マミさんのスキーやサーフィンといった趣味にも表れているように思われる。マミさんは，「自分がどんなに揺れていても自然はいつも受け止めてくれるし，絶景も見せてくれる。誰に対しても公平で，きびしいこともちろんあるんだけど，みんなに同じ顔を見せてくれる感じは安心できる」と語ったが，これを聞いたときに，マミさんが生きている対人関係の世界は，いかに不安定で変動しやすく，安心できないものなのであろうかと筆者には感じられた。そういった人間関係における変動の兆候を読み取るためにマミさんがいかにエネルギーを費やさねばならなかったのかということが示されているようであった。その中で，ただ甘いだけでなく，厳しいけれどもすべてを受け止めてくれる母なるものとしての自然を求めていたのかもしれない。

　しかし，サーフィンやスキーは大きな自然の中に入っていき，そこに包まれるような体験であると考えられる一方で，板一枚を挟んで海や雪の上に立つスポーツである。自然の中に包まれながらも，自身のバランス感覚やスキルによって，海や雪山に関わるスポーツであるともいえる。自然に

対してすべて委ね、受け止めてもらうという関わり方ではなく、ギリギリのところでバランスをとりながら、自然を対象化して関わろうとする方法であると考えられる。

バリントは、対象と接触していることで安全保障感を持ち、それゆえに対象にしがみつくという対象関係を持つ"オクノフィリア（ocnophilia）"と、その反対に対象と接触することは危険であると感じ、スキルによって対象を回避しようとする"フィロバティズム（philobatism）"という概念を提示している（Balint, 1959/1991）。特に、フィロバティズムはスキルを用いて、世界を対象化し手なづけられるものとして関わろうとするものである。自らのスキルによって対象と関わるが、本質的にそのものに触れたり委ねたりすることのできないマミさんの人間関係のあり方においてもフィロバティックな傾向を考えることができるのではないだろうか。しかし、そこには、「いてもいいんだ」という感覚を希求しながらも、そこに完全に自分を委ねられないという苦しさもあるように思われる。対人関係においてバランスを常にとり続けるという緊張感の中、本当にそこに存在するということが難しいマミさんのあり方を考えることができるだろう。

理解不可能な身体

次に、マミさんの身体との関わりについて検討してみよう。

マミさんは、数時間のうちにさえ変化する自分の感情や、ままならない身体症状について、面接の中で語り続けていた。他人の顔色を読む、あるいは他人から求められることをしながら生きてきたマミさんであっても、自身の身体に起こる波についてはまったく予期できず、振り回されている状態であった。それは「どうして今？」「邪魔ばかりする」という言葉にも表れているだろう。それが他ならない自分自身の身体のことであるため、外側から襲いかかってくるものでなく、自分のうちに起こっている理解不可能なもの、まさに立ちはだかる異者としてマミさんには感じられていたのではないだろうか。しかし、それはどうしようもないものとして体験され、「通り過ぎるのを待つしかない」というような関わりしかできないも

のであった。

　しかし，感情の波に振り回されることや，身体が思うように動かなくなるということは，面接の中で毎回のように語られてはいたが，その様子については詳しく言語化はされなかった。感情のアップダウンの際にどのような感じがするとか，身体はどのような感覚であったということは語ることが難しく，ただ，波として自分の中にうねっていることだけが捉えられるのであった。その感覚はそれだけ，マミさんの中にうごめいているものに圧倒されるような感じであり，手のつけられないようなものとして感じられていたのだと思われる。

　他人の気持ちや顔色を「読みすぎる」マミさんにとって，「全く読めない」身体症状があることは，非常に不安で恐ろしいものであると思われた。自然のようにスキルによって関われるような対象ではなく，ただ脅かされるようなものとして体験され，この時期においては，マミさんは身体やそこに沸き起こってくる動きに対して，ただ，通り過ぎることを待つしかなかったのであろう。毎回のように語られるその身体のままならなさに対して，筆者はなんとかその波が少しでも落ち着くにはどうしたらいいのだろうかと考えていたが，迫ってくる波に対して，ただその様子を聞くということしかできず，力の及ばなさを感じていた。それは，マミさんが自分の中に沸き起こってくるその感情の波や思い通りにならない身体に対して感じていた気持ちと同じようなものだったかもしれない。

Ⅱ．面接中期（面接開始半年から１年ほど）

　面接開始から半年過ぎた頃，マミさんは以前から趣味でやっていたヨガを本格的に始める。そのころから，これまで振り回されていた自分の身体の状態を見つめるという動きが出てくるようになる。

　ある回の語りを取り上げてみよう。（地の文はマミさんの語りを，その印象を損なわないように留意してまとめたものであり，〈　〉は筆者の言葉である。以降も，同様に記している。また，＃付き数字は面接の回数を示す。）

#15
今ヨガもやっていて，今日もやってきたんですけど，それも同じでポーズが揺れてしまうと，あー今わたしの気持ちが揺れているんだと思う。だけどやっているとだんだんリラックスできてくる。〈体の感覚とか実感として頼りにできる〉うん。続けてやってみようと思っている。そういえば，サーフィンとかでもそうかな……。そういうのやってると，自分のこころの感じというか状態が分かる。サーフィンだって自分のこころがゆらゆらしていると板も揺れてしまって乗れなくなるし。

　この回では，振り回されてどうにもならない自分の身体と気持ちが，どのような状態かを見つめることができるものとしてマミさんに対象化されて語られていることが分かる。その上，身体と気持ちがつながりを持っているということが実感されているようであった。この頃から，マミさんはヨガの先生とのやりとりの中で，瞑想を勧められ，寝る前の時間に始めるようになった。そのことも，自分の感覚や身体を落ち着いて捉えるというやり方を始めたきっかけのように思われる。
　また，この時期には，自分の感覚や身体を表すものとして「マミ子ちゃん」という表現を用い，その様子について語るようになる。以下はそのときのマミさんの語りである。
　「マミ子ちゃんがだだこねているんやなって思うようにしたら，なんとなく休ませてあげないとっていう感じになるから」(#20)
　「マミ子ちゃんは今，何を思ってこんなしんどくなってるんかなって。そしてら，あぁ，そういえば今週無理してたかなって思い当たったり」(#20)
　「あ，またマミ子ちゃんが「しんどいよ〜しんどいよ〜」ってきそうやなっていうのがちょっと分かる感じがしてて」(#25)
　マミさんは，自分の中の気持ちや身体の変化を幼い女の子のイメージとして「マミ子ちゃん」と人格化することで，体調の悪さや気分の波を表現し，それと関わりを持つようになっていた。それは，マミさん自身の身体

と対話をしているかのようであり、理解できない異者としての身体との1つの関わり方であるように思われた。

　しかし、面接の外では、マミさんは仕事に就いては辞めるということを繰り返しており、その度に落胆と自己嫌悪をあらわにしていたが、その一方で、そこに飲み込まれないマミさんも存在するように筆者には感じられるようになっていた。例えば、次のような語りがなされている。

#23
いつも感情で動いて失敗してしまっていた。感情の波が激しくて、気持ちがばーっとあがると、いつの間にか動いていて、あとで後悔する。だんだん波が激しくなっていって、収拾がつかなくなって病院へ行かなきゃってなった。ここに来て、気がつくこととかあるし、波も前よりはましになってる感じはするけど、ずっとこの波を観察して生きていかないといけないのかなって。

　この頃は、感情の波はまだあったものの、それを外側から捉えて理解しようとしているような動きが見られていた。それは「観察して生きていく」というような言葉に端的に現れているだろう。気分の波をなんとかして無くしたいというところから、それとともに「生きていく」というような態度に変わっていたことに筆者は驚きを持って聞いていた。

　また、面接開始から1年ほど経過してから、マミさんは自発的に日記をつけはじめ、写真を撮ってコメントを書き加えて溜めていくことを始めるようになる。その日1日の自分の身体の状態や気分の波について、マークで表して評価してみるということを続け、まさに「観察している」ようであると感じられた。それと同時に、その日に見たきれいだったもの、面白かったもの、食べたものなど自分が体験したことを写真に撮って、それにコメントを付して残すということもしはじめた。この語りを聞きながら、筆者は、マミさんの中で自分の身体に対するのと同じように、自分の周りの世界を見つめ、自分の感覚と世界を繋ごうとしている動きが起こってい

るように感じていた。

対象化される身体

　マミさんはヨガを始めるようになってから，自らの身体を扱うということ，対象として観察するということを行うようになっていったと考えられる。それは，自分の身体や内面を見つめてみようとする動きであり，同時に，自分の内面と身体がどんな風につながっているかを確かめるようなものでもあったように思われる。もともとマミさんは，相対するものを対象化して手なづけていくというフィロバティックなやり方で生きてきたと思われるために，ヨガによって自らの身体を統制していくという方法がマミさんにとってはしっくりくるものだったのであろう。

　特に，マミさんが自分の身体に起こってくる感情の波のようなものを「マミ子ちゃん」と名づけて関わりはじめたことが興味深い。はじめは，自分に起こっていることを波としてしか体験できなかったが，それが「マミ子ちゃん」として表されることで，マミさんにとって扱える対象として形をもったようであった。ここでは，「マミ子ちゃん」として人格化されることで，身体やそこに起こる感覚をいったん切り離して，対象化することで新たな関係を結ぶということが起こっていると考えられた。梅村は，様々な身体症状を呈する小学生男児とのプレイセラピーについて，"身体の否定"という観点から論じている（梅村，2011）。そこでは，プレイセラピーの中でクライエントがセラピストの身体を徹底的に切りつけ，みじん切りにして解体していくというごっこ遊びを経て，次第に全体像としての身体を対象化していくという過程について描かれている。そして，身体の否定すなわち"自らの身体を徹底的に対象化して切り離すことが，その心身の間に裂け目を作り出す契機となる"（前掲書，p. 788）といい，その過程を経ることで，クライエントの主体の立ち上がりとともに，クライエントと身体との間に新たなつながりが生まれていったことが述べられる。マミさんにおいても，自らの生きている身体をいったん否定し，「マミ子ちゃん」とすることで，初めて対象化して扱うということができるようになってい

ると考えられる。わけの分からない異者として襲いかかる身体を，いったん自らにとっての「他者」とすることで関わりが生まれたようである。

猪股剛は，身という漢字の成り立ちが，人が身ごもったからだの形からきているということに触れ，身体とは本来身ごもった状態，つまり"身体としてそれ自身はじめから中にもう1つ別の存在を抱えている"（猪股, 2009, p. 270）というように表現する。そして，それは"意のままになるものではない"ともいう。確かに，「マミ子ちゃんとしての身体」は意のままになるようなものではなく，飼いならすことのできるものとしてあるわけではないが，マミさんにとっては，自分の身体に抱えていたもう1つの存在が小さな子どものように感じられていたのであろう。そこには「だだをこねる」「しんどくなっている」という情緒性が付与されて，意味ある動きとして捉えられるようになっているように思われる。波のようなものとしてあったものが分節化されて，マミさんにとって扱えるようになっていったようであった。それは，「観察」しているというよりも，我が子のようにお世話をして関わるようなイメージが浮かぶ。マミさん自らが母親のように「マミ子ちゃん」と関わっていくことは，同時に自分自身が子どもとして大切に扱われているということでもある。

このような対象化した自らの身体と関係を取り結ぶという動きと同時に，マミさんが外界との接触によって生じる感覚を自らに位置づけようとする動きも起こっていた。マミさんが自分の状態を日記につけていくことや，その日見たもの，起こったことを写真に撮って，自分のコメントを添えていくという行為は，マミさん自身の身体や世界に対する感覚をその瞬間に切り取って，溜めていくという作業をしているように思われた。それは身体だけでなく，世界についても，それとの関わりによって生じてくる自らの感覚を確かに味わおうとしているように筆者には感じられた。我々は，身体を通してしか外界と関わることができないが，その外界との関わりの界面に生じてくる自分の感覚を通して，マミさんは「わたし」であるということを形作っていたと考えられる。「わたし」が，身体や世界を対象化して見たり，感じたりしているということは，それを見たり感じたり

している「わたし」もしっかりと存在しているということが体験されるようなものではないだろうか。マミさんは,「マミ子ちゃん」との関わり・日記・写真として分節化され,情緒や意味を付与されたものを溜めていくことで,自身の「わたし」の輪郭を作っていくような,そういった作業をしているように思われた。この時期においては,マミさんにとって身体は対象でありながらも,自分が何を感じ,どういう状態にあるのかということを確かめるための通路としても機能していたように思われる。

　このような変化はどうして生じたのだろうか。このようにマミさんが自らの身体を対象化しはじめたのは,ヨガを始めて,ヨガの先生との関わりの中やヨガを体験する中での気づきによって,自分と向き合おうとする時間が持てたことによるところが大きいと思われる。しかし一方で,面接の中で,筆者という他者に対し,波に振り回される自分というものを語り続けていたということが,その動きを始める準備にもなっていたのではないだろうか。面接の中では,筆者もマミさんとともに,突然沸き起こる波に対して,どのように対峙すればいいのか悩みながら,それを見つめるしかなかった。筆者からは何もアドバイスなどはできず,共に波のような感情や身体症状に圧倒されながらマミさんの語りにただ耳を傾けていた。しかし,それをマミさんと筆者が共に見つめていたということが,マミさんが今度は自分自身で自分の身体で起こっていることとして向き合うということの足場になったようにも感じる。面接空間の中で,マミさんと筆者が共に「ままならない身体」を見つめていたということを,今度はマミさん自身が自らの身体との間で行いはじめたのではないだろうか。この意味で,面接空間はマミさんの身体がそこに拡大されたものとしての意味を担っていたと考えられる。面接室の中で筆者とマミさんが身ごもられた者として存在し,マミさんの語りに耳を傾けていたこととパラレルに,マミさんが身体の中に沸き起こる感覚を「マミ子ちゃん」として位置づけ,その声に耳を傾けるようになったのではないだろうか。キャンセルを挟みつつ進む面接経過ではあったが,面接の枠としてしっかりと存在することが重要な意味を持っていたと考えられる。

Ⅲ．終結期（面接開始1年頃から終結まで）

　面接の中では，気分の波や身体の様子について語っていくということが続いていたが，「なんとなく，波はあるけどこのくらいかなとか分かる感じがする」というようなマミさん自身の感覚が育まれていっているようであった。そのような中，ある回で次のような話をされた。

> #27
> この間，ヨガをやってるときに，休息のポーズってあるんですけど，仰向けになって寝転がるだけのやつ。あれやってるときに，なんか身体が支えられたっていう感じがした。すごい安心というか。〈支えられたって感じ〉なんか……地面に？　地球に支えられてるみたいな感じ。（中略）溶ける感じ？　手足の先の方が消えていくっていうか，でも腰のあたりのあったかいのは感じていて。その辺が支えられてるというか，なんかとにかく安心する感じがすごくあって……。

　この休息のポーズとは，仰臥して，肉体もこころも十分にリラックスさせたまま，15分～20分間身体を横たえるというポーズで，ヨガの最後に必ず行うものであるという（Yogeshwaranand, 1970/1987）。マミさんは，ずっとヨガに通っていたため，これまでもこのポーズをやっていたはずだが，ここで初めての感覚を味わっていたようであった。それはまるで，身体が溶けるような感覚で世界と融合しながらも，自分の存在がしっかりあるということが確かめられたような体験だったように筆者には思われた。このヨガでの体験については，マミさんはそれ以上語られなかったが，筆者には世界に「いていいんだ」というような安心感をそこで体験されたのではないのだろうかと思いながら聞いていた。

　そして，この面接の後半，いつものように写真を撮っている話をしているときに，「夕日って見るたびに違うんだなって気づいて，なんかしみじみしたんですよね」と語った。この夕日のエピソードは，自分が世界の中

に「感じるわたし」として存在していることを，マミさんの体感を伴って感じた体験だったように思われる。それが，「しみじみした」という言葉によく表されていると感じられた。

マミさんは終結の少し前，次のようなことを語った。

#29
自分の中にあるものを，何か伝えたいっていう気持ちがあって。（中略）自分にしかできない伝え方でやりたいな。マニュアルにしばられないような。それって，自分に責任があるけど，そういうのがいい。

こう語るマミさんからは，流動的な対人関係の中で自分を位置づけなければならず，自分が何者なのかも分からなくなっていたような不安定なものではなく，自分の中から出てくるものを感じとり，発信しようとしている姿を感じられた。

終結まで，マミさんの中の波が完全におさまるということはなかったが，以前のように大きく振り回されるようなものではなくなっていた。その波を抱えながらも，最後の回では，「これからも波瀾万丈あるやろうけど，ボチボチやろうって思います」と筆者に告げ，新たな人生を歩まれることになった。

世界とつながる身体

このマミさんの#27で語られたヨガの体験とは一体どういうものだったのであろうか。市川浩は，感覚の直接性を通して身体性を回復し，それとともに，世界と他者との交流を回復するという形で自己喪失の袋小路から抜け出した経験を語るが，身体に結びついた感覚には，「わたしの感覚」という自己性や親密性があり，それを自己感の拠り所とすることができるという（市川，1992）。そもそも身体とは，自己感を支える基盤となるものである。マミさんは身体が支えられる感覚と同時に，自己が支えられた感覚を得たのではないだろうか。これは，身体を対象として捉えることで生

じることではなく，身体そのものとして感じられる体験であり，それはマミさんにとって「ここにいてもいいんだ」という感覚に通じたように思われた。

しかし，マミさんのこの体験では，自己を支えるような，個人のまとまりとしての一身体としてだけではなく，生きている「身体自体」を通して，それを支えている世界の存在も同時に感じていたように思われる。自分自身が身体を基盤として存在することを感じるとともに，世界を感じ取る通路としても身体があったのではないだろうか。その意味で，"異"なるものとの関わりを通じて，より大きな世界の中にマミさんが位置づけられるような体験となったと考えられる。

ヨガ（yoga）とは，サンスクリット語の名詞で，「くびきで繋ぐ」という動詞語根から派生しているという（山下，2009）。そして，宗教学者のマッソン・ウルセルが，ヨガとは"自分自身と絶対的に結合する"(Masson-Oursel, 1954/1976, 邦訳 p. 12) という意味だと述べていることをひきながら，山下博司は，それを"自分自身の内奥にひそむ絶対的存在"（山下，2009, p. 25) との結合を意味するものと捉えている。おそらくマミさんにとっては「地球に支えられている」という感覚がそれと近しいものではないかと思われる。マミさんの世界とつながる体験とは，世界に支えられているということを実感し，同時に，自分の実存的な存在をも実感する体験であったと考えられないだろうか。また，マミさんが体験したことは，世界と融合しながらも支えられるといった感覚であった。宣教師・民俗学者のモーリス・レーナルトによると，ニューギニア諸島・オーストラリア沿岸の島々に居住するカナクの人々は，世界と自分自身の身体を区別することなく，世界全体として包括されたものとして認識しているという（Leenhardt, 1947/1990）。これは，自然から自らを分化させておらず，個人としての身体という表象を持っていないことを意味しているが，このことによって彼らは自然によって浸され，それを通して自らを知るという。これをレーナルトは，"宇宙形態論的"（コスモモルフィック）（前掲書，邦訳 p. 42) な見方と表している。マミさんのヨガの中での体験とは，世界のつながりの中にある身体を感じ取る

ような体験ではなかっただろうか。その際の身体とは、カナクの人々の見方を借りれば、肉体的なイメージを超えた「本当に人間らしいもの（ド・カモ）」であったのかもしれない。夕日が違うということに気づきしみじみとした実感をもったのは、見ているわたしが、一瞬一瞬を生きながらその世界の中に「ある」ことを感じられた体験だったのではないだろうか。このヨガの体験は、これまでマミさんがヨガで自らの身体を統制しようとしていた態度によって体験されるものとは大きく違うことが分かるだろう。

　また、マミさんが世界に支えられるという不思議な体験をしたこの「休息のポーズ」は、サンスクリット語でシャバ・アサナ（Shavasana）というもので、直訳すると「死骸のポーズ」だという（龍村，2001）。世界に支えられる存在として「ある」ということが、象徴的な「死」をもって体験されたことは重要な点であろう。ここでの「死」を、マミさんの面接経過の流れから考えると、世界の中に「いてもいいんだ」という感覚を持てなかったこれまでのマミさんの生き方が変化したこととしても考えられるが、それは、世界の方に自らを委ねることができたということを意味しているように思われる。そこでマミさんは、新たに世界に支えられるものとしての感覚を味わったのである。吉福伸逸は、人間は自己や自我を過大評価して生きているが、その自我を超えるものとしての広大な無意識の世界への信頼感を持つことが重要だと指摘する（吉福，1990）。そして、その中で"個体の生死を見つめて、そして受容するということは、われわれがそういう広大な無意識の世界を再発見し、それから、その広大な無意識の世界が自然に適応できる英知を秘めているということを再発見する、ということと本質的につながっている"（前掲書，p. 225）と述べている。マミさんが体験したことも、このようなことにつながるのではないだろうか。これまでスキーやサーフィンによって自然の中で感じようとしていた感覚を、板を挟まずに身体ごと世界に委ねるという体験を通して感じとったように思われた。サーフボードやスキー板の上でバランスをとりながら触れないようにするというものではなく、身体を感じる本体、そして感じる通路として、自然を感じていたともいえるだろう。これは、マミさんがフィロバティッ

クな世界体験ではなく，宇宙と一体的であり，羊水の中を漂うような"子宮内生活"（Balint, 1959/1991，邦訳 p. 92）ともいえる感覚を得たということではないだろうか。

そして，自分の中から何かを伝えたいという思いを語ったことは，マミさんの大きな変化であると感じられた。それは，マミさん自らが起点となって他者と関係を持てるということを意味しているように思われたからである。それは，人間関係の中で他者に承認してもらうという次元での「わたし」の存在に苦しんでいたマミさんが，自分自身の内にその存在感を感じられるというような変化だとも考えられた。ままならないものとしてのマミさんの身体は，自分自身に存在の基盤を持ちにくかったマミさんに対し，その存在感をあらわにして，訴えていたようにも思われる。

マミさんにとって，世界との融合的で，しかも自身が支持されるような体験が非常に大きな意味を持つように思われた。しかし，同時に身体を対象化しながら関係を取り持つということも，マミさんは続けていた。そのこともマミさんの自信となっていたようにも思われる。身体をめぐるマミさんの行為が，マミさんの自己感を作っていったというのは間違いないだろう。最後に筆者に告げた「ボチボチ」という言葉が，自分の身体に感じる確かな実感としてマミさんの中に息づいているのではないだろうか。

身体とは我々がどのように体験するかによって，いかようにもその様相が変化する。身体は，我々の「自己感」を支えるものであるが，それはもっと大きな世界の中に息づくものであるということを自らに知らしめる通路となるという側面も考えられた。それは言い換えると身体自体が媒介物となりうると同時に，その感覚を息づかせる本体ともなるのである。それは，身体が異者として我々に立ちはだかることもあるが，それと同時に異者の体験の場ともなりうるということではないだろうか。そのときには，我々は身体を我々の所有物という位置づけから手放し，世界へと委ねるということが起こっているのであろう。

第3章　異界との出会い

「リストカットをやめたい」と訴える
トウコさんとの面接過程より

1　異界への誘<small>いざな</small>い

　異界と聞いて何が思い浮かぶだろうか。魑魅魍魎がうごめく不気味な世界，はたまた理想郷的な世界が広がっているだろうか。それはどこか遠からずあって，我々を気まぐれに招き入れてくれるのだろうか。この章では，日常の世界が破れ，そこから異界が立ち現れてきたとしか思えないような事例を通して異者との出会いについて考察を深めていこう。

　第1章でも少し触れたが，異界とは異者の具体的な表象として論じられてきたものであると考えられ，これまでも民俗学や文化人類学だけでなく，臨床心理学においても少なからず取り上げられてきている概念である。異界は多くの関心が寄せられる概念ではあるが，この後論じるように，いまだ明確な定義が定まらず，論じる者の立場によっても違いが見られる。それは，概念としての未成熟さによるものとも考えられるが，異界という概念が持つ特殊な事情によるものとしても考えられる。小松が，"異界とはそれをリアリティとして感じ取っていた人にしか現れない"（小松，2002，

p. 88)と表現するように，異界とは個人的な体験からしか語りえないものであり，その人の感じ方，捉え方そのものと関わるものである。つまり，異界とはそれを体験する人によって，その現れ方も違うと考えられるのである。

本章では，このような異界の性質を踏まえ，事例を1つ取り上げる。「リストカットをやめたい」という主訴で，筆者のいる相談室へ訪れた20代女性トウコさんとの面接過程である。ここではトウコさんの「理想とする異世界」——これは本来的な異界の性質を示しているのではなく，ユートピアを感じさせるイメージであった——とその世界に亀裂をもたらすことになった異界体験について語られる。この2つの異なる世界（異界と異世界）のイメージや体験を通して，果たして《異界》とは一体何なのかという問いに迫っていきたい。

まずは事例における異界の体験を扱う前に，異界についてその本質を捉えて論じるため，その概念が生みだされてきた民俗学や文化人類学の分野で，異界という概念がどのように記述されてきたかをまとめ，整理していく。そして，心理臨床においても異界がどのように扱われてきたか，批判的な視点を含みながらまとめていきたい。その上で，異界の体験に通じると思われる体験が語られた事例を1つ取り上げ，丁寧に検討し，その中で，異界とはどのように体験されるものであり，そこで我々に何がもたらされるのかという点を論じていく。

2　異界についての先行研究

異界という概念

異界という概念は文化人類学や民俗学において用いられるようになって以来，民俗学者，社会学者，人類学者，心理学者，歴史学者，文学研究家，国文学者が広く学問的関心を寄せ，いわば学問の交差点の1つを構成して

きた重要な概念として様々に論じられてきているものである（小松，1998）。この「異界」という言葉は比較的新しいものであり，池原陽斉によると，異界という言葉が辞書・事典に立項されはじめたのは，その多くが2000年に入ってからであるという[*1]（池原，2011）。そこでは，用例が少なく，定義もばらばらであるということが指摘されている。例えば，池原の引用している「異界」の項を挙げてみると，"日常の世界とへだてられた幻想的な世界"（『三省堂国語辞典』第六版，2007），"人類学や民俗学での用語。疎遠で無気味な世界のこと。亡霊や鬼が生きる世界"（『大辞林』第二版，1995），"日常生活の場所と時間の外側にある世界。また，ある社会の外にある世界"（『日本国語大辞典』第二版，2000）というものであり，異界の定義は辞書によってもまちまちであり，1つに定まるようなものではないことが分かる。

　このように異界という言葉が，辞書に立項されるようになったことも最近であり，その定義も熟していないことがうかがえるが，異界に類する概念については，これまでも民俗学や文化人類学，宗教学において用いられていた。折口信夫の「常世」「他界」や沖縄のニライカナイも，異界という概念と関わりがあると考えられるだろう。池原は，柳田國男や折口信夫の全集にあたり，異界という用語の使用や，それに類すると思われる用語について調べている。その中で，柳田國男の『日本の傳説』（1929）という古い書籍の中にまで遡り，異界の用例を見つけている。このように古くから異界という語の使用は認められるが，その意味するところには揺れが見られ，他の用語と区別しうる厳密な意味では用いられていないということが指摘されている（池原，2011）。また，"「異界」とは，「他界」，「異郷」といった想像上の世界の後継として認識されていることが多く，ことに古典文学研究の世界では，「他界」，「異郷」，「異界」の三種の語を，ほとんど等価で使用する場合がほとんどだった"（池原，2012，p. 42）とし，さら

[*1] 池原（2011）は，20冊近くの辞書・事典における「異界」という言葉を調べているが，2000年より以前に立項されていたものは，『大辞林』第二版（1995）のみであった。

に古典文学研究に限定せずとも，そのような傾向を見ることができると指摘する。

　このように異界という概念の萌芽は，民俗学や文化人類学において古くから見られるが，これらの分野においても定義の一致はなされていないようである。ここではまず，民俗学の分野で，特に異界を取り上げて論じている小松（2002）の定義を挙げてみよう。小松によると異界とは"私たちの世界の向こう側，境界の向こう側"（p. 87）を指す。これが異界についてのシンプルな定義であると考えられるが，これだけでは他界などの類似概念との差異については不明確である。それでは異界という言葉を，他界という類似概念とはあえて区別して論じようとしているものを挙げてみよう。佐々木宏幹は"一般に「異界」とは人間に特有の空間（時間）分類の1つであり，日常と非日常，俗と聖，世間と出世間，此岸と彼岸，人界と神界など二項対立的分類概念において，特に後項と深く関わる概念"（佐々木，2001, p. 9）であるとし，"他界は人界からすこぶる離れた空間を思わせるが，異界は人界に隣り合わせに存在する「異質のスポット」である"（前掲書，p. 9）と表現する。また野家啓一は，天国や地獄といった世界と「異界」の違いについて，"天国や地獄は，もとより現実世界から「超越」しており，憧憬や畏怖の対象であっても，現実世界の秩序を侵犯する気遣いはない。それに対して，異界は境界という通路から現実世界へ侵入し，ときに異貌の世界をかいま見せる。その意味で，異界は現実世界から透明な皮膜によって隔てられているものの，浸透圧によって現実世界にいわば「内在」している"（野家，2001, p. 3）と表している。

　これらの記述から，どこか遠く隔たっており，超越的な存在である他界といったものに比べ，異界は我々が普段生活している世界とは異なる領域でありながらも，すぐ隣り合わせに存在し，時に我々の日常世界に侵入してくるようなものであるということが分かる。これは第1章でも論じた他者と異者との違いについての議論とも重なってくる。また，このような異界の持つ性質は，次のようにも表現される。浅見克彦は，異界について，理を異にすることが現象する場であり，何らかのつながりによって人々の

経験世界と通じ合う，潜みある「異なもの」の位相にほかならないということを述べ（浅見，2012），若森栄樹は，異界は現実に存在しないために正当化できないということを強調しつつ，"存在せず，したがってどのようにも正当化できないからこそ，リアルなものとは違った仕方で，異界はわれわれに対して途方もない力を持ちうるのだ"（若森，2001, p. 194）という。

　つまり，異界とは，我々の世界とは異なる秩序を持ち，我々にとって強大な力をもって，日常の世界に侵入し，体験されうるものであるということがいえるだろう。また，異界からの来訪者である，異人や来訪神は我々に幸福や富を授けるものとして語られ，異界はこちらの世界に恵みをもたらす豊饒の世界であるということも論じられている（赤坂，1992；小松，1995など）。こういったことも，異界が我々と関わりを持ち，日常の力を超えたものをもたらすということを表している。

　これらの記述からみえてくる異界とは，我々にとって身近であり，我々がその世界と接触し，その世界にまつわることを体験するということにおいて，異界の姿が立ち現れてくるものだと考えられるだろう。しかし，これらの記述においては，「異界」はどこにあるのか，どのようなものかという点を，抽象的な議論において明らかにし，そこから異界を定義していくことが目指されているようである。はたして異界とは，どこかにあるものなのだろうか。

心理臨床における異界の問題

　一方，心理臨床の領域においては，心理療法という営みを通してあらわになる，我々との関わりという具体的な体験において，異界の問題を取り上げているように思われる。序章においても触れたように，心理臨床の領域において，田中康裕（1995）をはじめとし，1990年代から2000年代にかけて，心理療法を異界という観点から考察しようとする動きが見られるようになる[*2]。これらの研究において，異界とはどのように論じられているのか，例を挙げながら見ていこう。

田中は，対人緊張を訴える青年期男性との面接過程について，"内なる異界との交通"という視点から考察している。ここでは"内なる異界である無意識"（田中，1995，p. 92）との表現に見られるように，異界という概念は無意識に置き換えられるように使用されている。夢を通してセラピストと相互浸透することで，このクライエントは内なる異界，つまり自らの無意識と意識の相互浸透を果たしたということを述べているが，これは異界という言葉を用いて，クライエントの内的作業について説明するものであった。田中（1995）においては，無意識を扱う1つの方法として，異界という概念を用いようとする意図があったと思われる。

三宅理子は，遊戯療法過程を異界の体験と捉え，小学生男児のプレイセラピーの事例を検討している。このプレイセラピーでは，箱庭を用いた表現において「混沌の世界」から「異界の創造」，そして「異界との交渉」，「箱庭から外へ」というテーマを経て終結に至っている（三宅，1998）。その中で三宅は，"人は自分の存在に，「この世」の次元では得られない「意味」を求めて「異界」を創造したのではないだろうか"（三宅，1998，p. 14）と述べ，異界の体験によって創造のプロセスを歩むことが可能になると論じている。ここでは，遊戯療法の過程を異界体験とし，その体験によって創造性がもたらされるという異界の豊饒性と関わる点について触れられている。そして，箱庭において混沌から新しい島が生まれたことを"異界の創造"と表現していることからも，異界が対象として顕現し，クライエントがそれに取り組んでいくという姿勢が見られる。

また，山愛美は，異界を"われわれにとって見慣れた日常的なものに対する非日常的なもの，一般の人々にも知覚可能な事物の表層の世界に対してのその背後に広がる深奥の世界，此岸に対しての彼岸，意識に対しての無意識"（山，2000，p. 15）をすべて含めたものと定義し，さらに論文中では個人の内的世界における異界に限定して論じている。その中で，3つの

---

*2 例えば，岩宮，2009；河合，1998a；川戸，1998；岸本，1999；串崎，2000；三宅，2003など。

事例を通して，それぞれのクライエントがどのように異界と関わっているかということを検討している。それらをまとめる中で，異界と関わるということは命がけの仕事であり，異界の扉がいつどのように開きどんな次元の異界と関わるかということは冷静で厳然たる見極めが不可欠であること，実在する異国や流行のゲーム・映画などの中に仮想現実的に異界を体験したのでは，真の異界の体験とはいえないということを述べている。そして，異界との遭遇において，危険性を認識することは大切だが，そこで創造性を得ることができることに触れる。このような点は，民俗学や文化人類学が指摘する異界の概念を援用するような視点であり，臨床心理学の分野で考察されている異界の理解として共通するような部分だと考えられるだろう。また山（2000）が検討している事例においては，特に夢を通して異界イメージをたどっていき，セラピストとの間で深く「異界」が体験されたということを述べている。ここで深く体験された「異界」とは，異界イメージの体験であると考えられるだろう。

　ここまでに取り上げてきた，心理臨床における異界という概念を用いた研究においては，異界というものに入っていくこと，関わることで，豊饒性や創造性を得ることができるということが論じられている。ここでは日常に対する非日常，意識に対する無意識という対置のされ方で，後者に位置づけられるものとして異界が用いられている。しかし，このような日常的な世界との対比として表される異界は，二項対立からしか説明できないものといえはしないか。これはあくまで「他界」的なあり方であろう。また，日常から抜け出して，異界と接触し，危険ではあるがそこから帰還するというような異界のあり方は，やはり我々自身に主導権がある。そこには，第1章で述べたような曖昧で境界性を帯び，あちら側から突如として訪れるようなものとしての異者の性質は表されていない。その点で，岸本寛史は，異界の体験について新たな視点を提示している。彼は，癌患者は我々が生きる日常生活とは異なる非日常の世界を体験しているとして，その世界を異界と呼ぶ（岸本, 2000）。その世界で体験される，夢などのイメージや時間の体験が特殊であることから，異界とは意識水準の変容による体

験ではないかと論じている。ここでは，異界の中にいる体験を，意識水準の変化によるものとして，その世界を理解しようとしている。この視点では，異界が「どこか」にあって，それを対象として取り組むでもなく，異界というものをイメージとして取り扱うのでもない，その人の生きる体験世界そのものが異界として現出するという見方が提示されていると考えられるだろう。

　また，岩宮恵子（2000）の異界の捉え方も，示唆的である。岩宮は，思春期は異界に惹きつけられる時期だとしている。思春期にある子どもたちは，自らの内に異質性と異能性を感じ取り，それをどうやって日常生活の中に位置づけていくかという超越（異界）を含んだ問題にぶつかるという。その中で取り上げられている事例において，中学生男子が，神社のはずれで大きな岩を見つけたときのエピソードから，内的な変化が読み取れたことについて書かれている。岩宮は，そのエピソードから，その子が「圧倒的な存在」に出会いたいと思っていることに気づき，"自分の日常性を超えた力の存在を知ること，その存在を知ったうえで，もう一度日常に着地していくこと。この思春期のテーマをこの子なりになんとか表現したかったのだろう"（岩宮，2000，p. 175）とまとめている。ここでは，異界の体験とは，超越性との関わりを意味している。つまり，異界の存在を感じ取り，それを自分との関係の中に位置づけていくということを，異界の体験として論じていると考えられる。このような視点も，日常と対比的に異界があり，そこへ訪れ帰還するということを問題にするのではなく，それとの関わりとして考えるということに異界の体験を見ており，心理臨床における異界について考えていく上で参考になるものであると考えられる。

　さて，このように心理臨床で異界という概念がどのように捉えられ，論じられてきているのか概観してきた。そこでは，異界が無意識の代わりとして扱われていたり，民俗学や文化人類学における異界の概念を援用する形で，創造性や豊かなイメージをもたらすものとして捉えられたりしていた。それらの研究は，心理臨床において異界という概念を用いることで，心理臨床における営みを「外から」検討し，新たな視点をもたらすものと

考えられる。しかし，これらは日常や意識と対比されるものとしての異界の姿として論じられており，突如出くわし，関係を迫られるという異者が持つ「体験性」という点があまり含まれていないように思われた。異者は，具体的個物としてそのものを実体として見ることはできず，「体験」という形でしか現れない。そして，その体験とはあらかじめこちら側の予測できるものとして存在しているのではないという特性を持つ。それをまさに今，「体験」している（せざるを得ない）その人に生じてくる動きとして異界についても考えてみることが必要ではないだろうか。

序章において述べてきたように異界とは，「体験」としかいえない次元で現れてくるものであり，その人個人との関わりの中で考えていくことでその意味が明らかになってくるものだと思われる。ここでは異界を，ある体験の中に生じてきたものとして捉え，異界とその体験者がどのような関係にあったかということを本章冒頭に触れたトウコさんの事例の経過から見ていこう。そして，その異界の体験によって我々に何がもたらされるのか，ということを事例の流れを詳細に検討することで明らかにしていきたい。

3 解離的な世界への亀裂──事例3 トウコさんのテーマパークXと被災体験

異界とは，我々の世界のすぐ近くにあり，それは我々に対して関係を迫ってくるものとして考えられてきた。そして，異界の体験は時に命がけであるが，それゆえに異界は大きな富をもたらす豊饒の世界でもある。心理臨床においては，ことさらその異界の「体験」というところに焦点を当て，その様相を読み解くことが重要であろう。これまで触れてきたように異界の体験とは，その体験者の個別的な体験であり，その人とどのような関係を取り結ぶのかという点を取り上げることが肝要であると考えられる。そのために，ここでは事例研究という形をとり，その一瞬の体験だけではなく，どのようにクライエントと異界の体験の関係が動いてゆき，位置づけ

られるのかということを，長期的な視点から検討していく。
　ここでは，ある20代前半の女性の事例を取り上げる。なぜこの事例を取り上げるのかということについては，1つに，このクライエントが面接経過中に遭遇した出来事が異界の体験と通じるものとして検討できると考えられたことにある。面接の中で，クライエントが「異界」という表現を使ったことはなかったが，その体験がクライエントの体験世界に大きな変革をもたらし，その体験といかに関わりを持っていくかということが，面接経過を考察していく上で重要なものとして考えられた。その体験の性質は，異界という概念で表現することで，より明確になると考え，本章において，この事例を取り上げることとした。

【事例の概要】
　クライエントのトウコさんは，20代前半の女性で，大学生である。トウコさんは「リストカットをやめたい，感情が少しでも高ぶると抑えられない」ということを主訴に，筆者のいる相談室へ訪れた。多くのキャンセルを挟みながら進んでいったため，面接は約2年半の経過で60回ほどの回数とそれほど多くはなかったが，主訴についてもおさまり，終結に至った事例である。
　ここでは，トウコさんの面接過程で1年ほど経ったころに図らずも起きた被災体験が，トウコさんにとっての異界の体験の入り口に通じるものとして考えられた。この被災体験を語る回の前後で，面接の流れやトウコさんに沸き起こってくるものが異なり，この体験がトウコさんに何らかの変容のきっかけを与えたことが推察された。ここでは，その被災の体験を中心に据え，その前後の流れについて，大きく3つのセクションとしてまとめ，面接経過とトウコさんの変化について考えていきたい。
　この事例においては，この視点以外にも様々に重要なテーマが展開していたと考えられたが，ここでは，特に異界の体験として考えられるものが，トウコさんの内面に何をもたらしたのかという点に重点を置き，その観点に基づいてまとめているということを断っておきたい。

Ⅰ. 面接初期

　まず，面接開始からトウコさんが被災体験をするまでの1年ほどの面接の流れをまとめていく。

　トウコさんは，面接開始当初から，リストカットがやめられず知人にばれて医療機関に行くことになったということ，多量服薬をして友人に電話をしたというエピソードなどを淡々とした様子で語ることが多かった。その様子はまるで他人ごとのようで，「まあ本当は死にたくないんじゃないかな」と語ることもあり，トウコさんの体験と感情の解離が目立っていた。また，感情が高ぶると「わーっ」となって暴れるが，一方で冷静に見つめている自分がいることもよく語っていた。このエピソードからも，トウコさんが解離的なあり方であったことがうかがえる。トウコさんは「わーっ」となることを感情が高ぶると語っていたが，それは自身が内的に悲しみ，苦しみ，怒りなどを体験していたというよりも，それがそのまま外的な行動として流れ出てしまうというような様子であった。自分の内面で感情を味わうことや体験するということが難しく，それを行動として表出し，さらにその様子を外側から見つめるということが繰り返されていた。このような語りは，トウコさんの「今／ここ」の感情とはどこかかけ離れていて，筆者はそれを聞きながら，そこにトウコさんの生きづらさがあるのだろうと考える一方で，どこかその語りの内容やトウコさんの存在自体に手の届かなさを感じることもあった。

　一方，そのような中で，トウコさんはテーマパークXが好きで，いつか行ってみたいということを面接でたびたび話すようになる。トウコさんにとってXは「夢の国っていうイメージ」であり，「いつか行ってみたい」「多分，そこに行ったら，いつもの自分のことなんて忘れて，きっとはしゃいでしまう」と楽しそうに語り，リストカットや多量服薬のエピソードとの対比が大きく，筆者はそのギャップを感じながらも，どちらの話のトウコさんも本当のトウコさんの世界を表すものなのだろうという印象を抱いていた。また，Xの話と並んで，トウコさんは箱庭アイテムを眺めながら，

空想の話をすることもあった。それは，人形同士が織りなす日常生活の1コマのようなものだったり，人形に性格や背景を持たせ，自由に物語を作ったりするようなものであった。トウコさん自身もその話の世界に登場することがあったが，「わたしは透明人間で誰にも気づかれず行動している」と語られることが多く，その世界内部でも誰かと関係を持って動くようなこともなく，外から眺める者としてしか登場しなかった。そこでも，トウコさんとその世界が隔てられているということが強調されるのみであった。トウコさんは，何かを伝えようとしているのだろうが，なかなか実感を伴ったものとして受け止められず，筆者はトウコさんの世界に触れたいけれども，なかなかたどり着けないような感覚を抱いていた。時には，筆者が箱庭に誘ったこともあったが，決して箱庭やアイテムそのものに手を触れることはなく，空想の世界の物語を語るのみであった。

　このような筆者が感じていたトウコさんの内面へ触れたいけれども触れられないという感覚は，トウコさん自身も筆者との関係において感じていたようだった。面接が進むにつれてトウコさんと筆者との関係が近づいてくると，トウコさんがキャンセルを多く挟むようになったり，面接の半分ほどの時間を沈黙して過ごしたりすることが多くなり，そこには触れたいけれど触れられないセラピストとクライエントの関係が表れていたように思われた。トウコさんは，人に近づきたいけれど，触れられることの怖さを感じ，本当に人とつながるということの難しさを抱えているということがうかがわれた。

解離的なあり方と自傷行為

　それでは，ここで面接初期の経過について検討してみよう。

　面接の初期は，トウコさんのリストカットや多量服薬など死の色を帯びた自傷のエピソードが語られる一方で，テーマパークや空想の話といった桃源郷的な話が展開し，2つの世界が非常に解離した形で現れていた。トウコさん自身も「人ごとのように」話し，その世界に入り込むこともできず，筆者もその話からトウコさんはどんなことを伝えようとしているのか

内容や内面を追おうとしたが，何か入り込めない感覚を抱いており，これがトウコさんの体験している世界に対する感覚なのかもしれないということを考えていた。これは野間俊一のいう解離症[*3]者と相対するときに感じる"解離感"と近しいといえるものではないだろうか（野間，2006）。野間は"解離症者と向き合った治療者は，彼らの他人事のような飄々とした態度に接し，統合失調症者のようにすれ違う感覚でもなく，かといって拒食／過食症者のように岩のごとき抵抗感でもない，独特の空虚感を経験する"（前掲書，p. 128）とし，それを"解離感"と呼ぶ。筆者はトウコさんが語るエピソードや空想の話にどうしても感情的な部分での手の届かなさを感じながら，面接室でトウコさんの話に耳を傾けていたが，それはトウコさん自身が，自分の感情や自分が生きているという感覚について抱いていたものと同じものだったのかもしれない。

　このような体験世界に生きていると考えられたトウコさんにとっての自傷行為とはどのようなものだったのだろうか。野間は，解離症と自傷症[*4]の類縁性を指摘している。自らを傷つけることに安心感を覚えるのは自傷症者に共通の体験であるとし，そこには"人への情緒的接近に恐怖を覚え，苦痛の体験が安心につながるという倒錯的心性がある"（野間2008，p. 500）と指摘する。そして，自傷症について，人に対する不信感や絶望を持ちながらも，自傷するということで他者に察知されることを希求していると述べている。つまり，自傷症における自傷は人とのつながりを求める痛切な試みであるということだろう。解離感を感じさせるトウコさんの場合はど

[*3] 野間（2006）では，DSM-Ⅳの「解離性障害」と「転換性障害」を総称して解離症と呼んでいる。これは，解離を心身の統合喪失と見なし，身体に現れた転換症状も広義の解離と考えた上で，従来のヒステリーに当たる病態を1つの「解離性（転換性）障害」と捉えているICD分類によったものである。この立場によって，解離性障害を精神と身体の2つに分けて分類する不自然さや，「ヒステリー」という名称が示唆する解離性障害の患者の人格特性の差異について解決している。

[*4] 野間（2008）は，Levenkron（1998/2005）が自傷の他に目立った精神症状が認められず，ただ自傷を繰り返す病態について「Self-mutilation」（森川那智子による邦訳は「自傷症」）と包括したことにならい，それを自傷症と呼んでいる。

うだろうか。トウコさんにとって，リストカットや多量服薬をするということは，「死」に近づくための方法である。しかし同時に，「本当は死にたくないんじゃないか」とも語り，知人にばれるリストカット，多量服薬を友人に知らせるというエピソードには，トウコさんの他者に対する希求が見て取れる。これらの行為は非常にアンビバレントなものである。またそれは，キャンセルや沈黙を多く挟みながら相談室に訪れるトウコさんの，本当に人と近づくことを求めながらも恐れるという苦しさにも表れているだろう。「死にたい」「死にたくない」の気持ちは，トウコさんがどちらも本当に思っていたことであり，その裏には人とつながりたいという気持ちが感じられる。しかし，そこから逃げ出したいという気持ちも真にあるのだろう。それが，トウコさんの解離的なあり方として表現されていることにも通じるのではないだろうか。それが，現実の世界の辛さを生き抜くためのトウコさんの切実な方法であったということも感じ取れるのである。

理想の世界としての「異世界」

　トウコさんは，憧れの世界・理想の世界としてテーマパークXや空想の世界について語っており，そこには，ある意味でトウコさんの望む「異世界」の姿が投影されていたように思われる。しかし，その世界にはトウコさん自身が存在するという感覚はなく，どこか遠く離れた世界を思わせる語り方であった。この理想の世界としての「異世界」は，この世の苦しさや人とのつながりを意識しないでいられる，浮遊した世界であり，日常の世界から「抜け出す」ことを望むトウコさんの理想郷を表象したものであったと思われるが，そこは自ら生きた存在として関わることのできないというような到達不可能な世界でもあった。これは，あちら側から突如訪れるようなものではなく，自分が求めるものを表象する一面的な理想の世界でしかなく，それは本当の意味での異界ではなかったように思う。そしてこれは，野家が，異界と比較しながら天国や地獄といった世界について，"憧憬や畏怖の対象であっても，現実世界の秩序を侵犯する気遣いはない"（野家，2001，p. 3）と述べていることにもつながってくる。この理想の世

界としての「異世界」は，触れたいけれど，触れられないというトウコさんの示す解離的なあり方とも通じるのではないだろうか。

　野間は，自らの起源や，最も安心できる場所，自然な他者との情緒的交流を"ハイマート（Heimat）"と呼び，解離症者の示す解離症状には"「ハイマートの拒絶」の側面と「ハイマートの希求」の側面が混在しているといえるだろう"（野間，2006, p. 144）と述べる。つまり，解離症者は自らの安心できる場所や他者との情緒的交流を拒絶しながらも，強く希求もするということである。その意味でいえば，トウコさんにとっては，他者と感情を通じてつながることや自身の存在が感じられる体験といったものがハイマートというものになるだろうが，その強い希求ということが，Xや空想の世界に表されていたともいえる。しかし，語れども語れども，そのような世界に立ち入ることはできず，いつもあちら側にしかないものとしてトウコさんには体験されていたのではないだろうか。

Ⅱ．被災の体験とその後

　面接開始から1年近く経ったころ，トウコさんは面接の中で，ついに「Xに行くことになったんです」と報告した。トウコさんは，非常に楽しみにしながら，その日の面接を終え，Xへと向かった。ところが，トウコさんが，Xに行っているちょうどその間に，その地方にも影響を及ぼす地震が起こった。次に示す回は，被害が心配されるその旅行から，トウコさんが帰って来たすぐ後のものである。以下にその一部を示す。（地の文はトウコさんの語りを，その印象を損なわないように留意してまとめたものであり，〈　〉は筆者の言葉である。以降も，同様に記している。＃付き数字は面接の回数）

　　＃17
　　〈大丈夫だった？　心配してた〉ちょっと被害を受けた。その日の夜はバスが動かなかったので，＊駅に泊まった。人も結構いて，駅員さんが毛布貸してくれたのでそんなに寒くなかった。…（沈黙）…Xは

楽しかったけど，何の関係もないようなところで泣いてしまうことが2，3回あった。なんでか分からないけど。(Xは) 嫌なこととかすべて隠されて見えなくなってる。この世界はずっとこのままなんだって。地震があっても，その世界の設定という感じにしか見えない。現実感がない感じなのか。キャラクターの着ぐるみも神様みたいって思った。本当はいないし，中に人が入っているけど，なんか目の前にいるから，本当にいるような気がしてきて。でもこの世界にくぎを刺したら，空気が抜けてなくなってしまうような感じ。
＊駅で一泊した時に，自分だって大変なのに，おばさんが「葛根湯のんだら元気になるよ」ってくれたりして。こっちに帰ってきたら何事もなく普通に生活できるからなんか変。不思議な感じがする。＊駅の感じが，現実感があるように思う。〈天国みたいな世界と現実とを一気に体験してきたんだね〉

　この面接の中で，トウコさんがテーマパークXに行き，図らずも被災するという体験が語られる。トウコさんにとって，これまでXの世界は「夢の国っていうイメージ」であり，行ってみたい理想の世界としての「異世界」のような場所であった。しかし，#17では，トウコさんは実際に行ってきたXのことを，「嫌なこととかすべて隠されて見えなくなってる」「この世界はずっとこのまま」と語り，理想的な夢の世界であったことがうかがわれたが，一方で「現実感がない感じ」「この世界にくぎを刺したら，空気が抜けてなくなってしまうような感じ」とも語っており，どこかその世界の虚構性を感じ取り，夢はやはり夢であるというような諦念にも似た気づきを得ていたようにも思われる。一面的な理想の世界であるということへの気づきだったかも知れない。それは，「楽しかったけど，何の関係もないようなところで泣いてしまうことが2，3回あった」という自分でもよく分からないまま泣いてしまったというエピソードに表れていると考えられる。理想の世界としての異世界が，自分の思うような世界ではなく，触れてみると虚構の世界であったということが実感されたようであった。

しかし一方で，地震の影響により＊駅で一泊するという体験やそこで出会った人とのやり取りを通して，「＊駅の感じが現実感があるように思う」と語ったことから，トウコさんにとっての「生きている世界」の体験がなされたことが感じられる。自分の生きる世界が「夢の国という現実」ではなく，苦しみや悲しみは存在するが，人とのつながりや生きているという実感を得られた「地震の起こった＊駅での現実」であるということを感じたのだろう。

　この体験がトウコさんにとって大きな体験であったろうことは筆者も推察していたのであるが，実はその体験がもたらすものの大きさが分かってきたのは，この回の後の面接過程をたどる中でのことであった。それでは，この体験の後の面接経過について見ていこう。

沸き起こる感情体験
　次にトウコさんが相談室に訪れたのは，被災体験について語った回から，キャンセルが1ヶ月ほど続いた後であった。来室しなかった1ヶ月にどのような体験があったのかは，トウコさんによって語られることもなく，筆者は知る由もなかった。しかし，その回で語られたことは，これまでのトウコさんの語りとは大きく変化した印象があった。1ヶ月ぶりに訪れた面接で語られたことを取り上げてみよう。以下は，#18の前半に語られたことである。

　　#18-1
　　……最近，わーっていうのが表に出なくなっている。無くなったのかなとも思ったけど，そうじゃない。たまにそういう気持ちが顔を出す。でも，切っても何も変わらなくなって，切れなくなった。……切ってもすっきりしない。これまでは1回わーってなったら切って，それでしばらく落ち着いたのに，切っても虚しい感じのまま。何を考えているのか……自分でも分からない。なんかわたし空っぽだなーって思う……。

トウコさんは，#18の回で突然，リストカットについて「切ってもすっきりしない」「切っても虚しい感じのまま」と語りはじめた。実際にこの回の頃にはリストカットはなくなっていったようだった。そして，「わたし空っぽだなーって思う」とトウコさん自身の内面に目が向きはじめたような語りがなされる。この回から，トウコさんは自分の空っぽさや虚しさを言葉にして筆者に語ることが多くなっていくが，それを聞いている筆者の感覚にも大きな変化があった。これまでは，トウコさんの語ることにどこか入り込めなさを感じていたが，この頃はトウコさんの語る様子に，トウコさん自身の素の弱い姿や心細さを感じ，抱きしめたくなるような感情が筆者には沸き起こっていた。自分の内面の空虚さや自分は本当に何がしたいんだろうという問いは，これまで向き合えずにきていたトウコさんの抱えていたものだろうと思われる。
　そして，この回の後半に次のようなことを語った。

　#18-2
　……この間『リリイ・シュシュのすべて』[*5]を見た。何でもないシーンがすごく気持ち悪い。バス待っているシーンとか自転車乗っているシーンとか。〈どういうこと？〉グロテスクとかそういうことじゃない。ただ何もないシーンだけど，そこに撮ってる人とか作ってる人の思いがギュッてつまって，ぎゅうぎゅうになっているのが気持ち悪い。生々しい感じ。白い画用紙があるとしたら，何も触ってないし描いてないのに，そこに思いが詰まっている感じ。いろんなところに好きとか嫌いとか楽しいとかっていう思いがぎゅうぎゅうで，それを一応隠してはいるけど，出てきちゃってるというか，そういうの気持ち悪くなってしまう。

　この回の後半で，トウコさんは，映画『リリイ・シュシュのすべて』を

[*5] 岩井俊二監督による2001年10月公開の映画。

見た感想を話している。『リリイ・シュシュのすべて』について簡単に触れておこう。この映画は，地方都市のとある中学校が舞台である。中学2年生の男子生徒が主人公であり，この中学校の生活や田舎の美しい風景，生徒同士の何気ないやり取りによって映画の大半が進んでいく。そののどかで当たり前の生活の中に，いじめや援助交際，自殺などの事件が起き，その中で揺れ動く思春期の中学生たちの柔らかく繊細で，ときに冷たく残酷な心情が丁寧に描かれていくような映画である。

　トウコさんはこの映画を見て，思いや感情が「ぎゅうぎゅう」で「気持ち悪い」，そして「生々しい」というように語る。しかも，それは何気ないシーンから感じ取られているものである。これは，トウコさんの中にそういった感情が沸き起こってきており，それが映画というものを媒介として，生々しさを伴って体験されていたからではないだろうか。何も起こっていないシーン，何も描かれていない白い画用紙にすら「詰まっている」思いや感情が感じ取られ，これまでトウコさんには直接触れられなかった感情が溢れ出してきているような印象があった。しかし，それはトウコさんにとって，生々しさのあまり気持ち悪くなってしまうようなものでもあった。

　このような感情が溢れ出すような体験は，トウコさんの夢の中でも起きていたようであった。この#18より1ヶ月ほど経った回で，トウコさんは次のような夢を報告する。

【夢】
　部屋で彼氏と話している。彼氏は知り合いの女性がフェリーに乗ってきたというのを聞いて，俺もフェリーに乗っていくという。わたしはやきもちを焼き，怒って1人になりたいと思うが，部屋を出ると人がたくさんいて1人になれない。わたしはものすごい剣幕で「ひとりにしてー！」「いいかげんにしてー！」と叫びまくっている。

　この夢の中で，トウコさんは感情を爆発させている。面接の初期の様子

からは考えられないような姿であるが，ここでも感情が噴出している様子が見て取れる。さらに，トウコさんは夢に出てきた女性について，「自分と似ていると思うけど，でも男の人に寄っていくところがあって。自分の思いのままに動くところが。そういうとこはちょっと。わたしは気に障ることされても表には出さないけど」と語った。トウコさんとこの女性は似ているけれど，自分の思いのまま動くか動かないかという点で違うという。この女性は，「思いのままに動く」という性質を持って，彼岸からフェリーに乗ってやってきた。それはまるで，トウコさんに感情をもたらすように，彼方からやってきたようにも思われる。その後，トウコさんは「やきもちを焼いて」，自ら1人になりたいと思いながら，感情を爆発させて怒った。このトウコさんの叫びは，この世へ出生してきた産声のようでもあり，感情体験に開かれていくような感覚も起こさせる。

　また，トウコさんが夢の中で1人になりたいと思ったということも，大事な動きのように思われる。トウコさんは，これまで人と近づきたいが近づけず，そのことを人を巻き込むという形でしか表せなかった。夢では，「1人になる」ことによって，自分の感情を抱えようとしていることが生じているように思われた。ただ，周りには人がたくさんいて，まだ1人になることはできないようであったが，そのおかげで，怒りを表出させることも可能になっている。ここから，人との関係の中で，感情を機能させることができるという動きが出てきているではないかと考えられた。

被災体験のコンステレーション
　トウコさんは被災体験後の面接の中で，自らの空虚さや虚しさを感じ取るようになり，感情の沸き起こりともいえるような体験や夢を語った。被災体験をしたからこのような動きが起こったとも考えられるが，その裏には単純な因果関係だけがあるようには思えない。ここでユングのいうコンステレーションという考え方を参考にしてみよう。コンステレーションとは，「星座」を意味する語である。しかしユング心理学においては，1つ1つの事柄は何ら関わりを持っていないよう生じていることでも，あると

き全体的に意味をなすものとして体験されたり，気づかされたりするようなことを示している。ここでは，被災体験をしたことのコンステレーションを，トウコさんの面接の流れを考える上で検討してみたい。

　被災体験のあと，1ヶ月ほどの空白を空けた面接で，トウコさんは自身の抱えてきたであろう空虚感に触れようとし，生々しい感情の体験について語った。この地震は，トウコさんの解離的な世界に亀裂をもたらした動きではなかったろうか。それは地震が起きたから亀裂が生まれたのではなく，地震が起き，外的に起こったことと，トウコさんの内的な動きが連動する形で，自身の体験世界に亀裂がもたらされたのではないだろうか。それには，Xという自分の理想の世界への諦めが生じていたことや，＊駅の現実感を得たという体験が起こったことが同時に作用していると考えられ，それらがトウコさんの世界への揺らぎを引き起こしたように思われる。それは感情を生々しく体験する現実の世界への出生としての動きへとつながり，トウコさんは生まれたての赤ん坊のような敏感な感覚で，感情体験をするようになったのではないだろうか。

　これまでトウコさんは，自らの皮膚に亀裂を入れることで，人とのつながりやそこでの情緒的な交流を求めようとする痛切なる試みをしていたと考えられた。しかし，この被災の体験からの連動的な動きは，トウコさんのその試みを遥かに超えるものとして，解離的な世界に亀裂をもたらしたと考えられる。被災の体験について聞いていたときの筆者はこのような動きがもたらされているということは考えもできず，ただその体験を語るトウコさんに対峙して耳を傾け，さらに1ヶ月の空白の期間をじっと待つという形でしか関わることができなかった。そして，その後のトウコさんの語りや夢の動きから，そのときにトウコさんに起こっていた体験についてようやく考えることができたのであった。

Ⅲ．終結にむけて，現実世界で生きること

　面接が2年ほど経過する頃から，トウコさんは自分がリストカットをし

なくなったり，感情を揺らされずに過ごしていることを，「なんか落ち着かないけど，こういうものかな」と語ることが多くなった。そして，これまでの面接について振り返るようになる。このような中で，トウコさんは，「なんか切ってたり，わーってなってたときのことあんまり覚えてなくて，もやがかかっているみたいな感じ。」「もう戻れないんだって思うと，なんかいいことなんだけど。寂しいっていうのとも違うかな？」「何もないっていう感じが落ち着かなくて，みんなこうやって過ごしてるのかな。この感じに慣れていけばなんとも思わなくなるのか。」というように語っていた。

そして，終結まであと2ヶ月というところの回で，トウコさんは次のような夢を報告する。

【夢】
みんな，消えて無になるということを聞く。わたしの周りの人たちが，薄くなって消えはじめたのを見て，「そうだ，消えちゃうんだった」と思う。わたしも指先から薄くなりはじめ，すっかり全部消えてしまったと思ったところで，目が覚めた。

この夢について「無になったらどうなるのか知りたかったけど，そこで目が覚めちゃった。起きたらわたしだった。当たり前だけど」と笑いながら語った。

このエピソードから，大山泰宏がアイヌのイヨマンテ（熊の霊送り）について触れていることが連想される（大山，2007）。イヨマンテとは，熊の姿を借りてアイヌコタン（人間の世界）にやってきたカムイ（神）をカムイコタン（神の世界）に送り返すために，小熊を殺害し丁寧に解体するという方法で，熊の表象を否定してその本源へと還すという儀式である。そして大山は，"表象が表象不可能な超越論的な領域へと還されるからこそ，また新たな表象の到来と表象可能性が生じてくると信じられている"（前掲書，p. 115）という。そこで，自己の表象が否定されてこそ，自己が何者かというアイデンティティの問いに答えがもたらされうるとしている。ト

ウコさんの夢では，自分が無になるという形で表象不可能なものへ送られ，トウコさんの姿はすっかりなくなってしまう。そして，目を覚ましたあとに，「起きたらわたしだった。当たり前だけど」と気づくのである。筆者には，このトウコさんの言葉が，非常にずっしりとした重みを持って感じられた。「わたし」が「わたし」であることは，当たり前のことかもしれないが，「わたし」がその重みを持って在るという感覚をトウコさんが自然に感じたのではないだろうか。そこには実感がこもっている様子がうかがわれた。トウコさんは，自分自身の魂を無に帰することで，自分が自分として感じられた体験をしたのではないだろうか。そこでは，しっかりとこちらの世界にいることを選択したようにも思われた。筆者には，被災の体験から始まった体験世界の変容が，あちら／こちらという隔たりを生じ，こちらに「わたし」の存在があるということをトウコさんが感じ取ったことで，その異界の体験がいったん閉じられたように感じられた。

その後，終結まで，悩みがなく，普通に過ごしている自分自身に戸惑いを感じながらも，トウコさんは現実世界に生きる道を見つけていかれた。

4　異界とは何だったのか

ここまでトウコさんの事例の過程を検討してきたが，ここで異界とは何だったのか，そして，そこでの体験が我々に何をもたらすのかという点についてもう一度振り返ってまとめてみたい。

面接当初トウコさんが語っていた，Xや空想の世界は，今生きている世界と何か違うものを求めるこころから描き出される，理想の世界としての「異世界」というようなものだと考えられた。しかし，それは触れることのできない，幻想としてしか現れることができず，こちら側に豊饒性や生き生きとした体験をもたらすものではなかった。それは，トウコさんと一定の距離を保ち続けて，相互に関係を持つことのできないものとしてしか存在しないものであった。この点で，トウコさんの語る理想の世界として

の「異世界」は，異界ではなく他界としての性質を持つものだと思われる。いわゆる，あの世などを意味する他界は，己の死をもってしか体験できないものであるが，それは今の「わたし」が決して体験できないという到達不可能な世界である。ただし，この理想の世界としての「異世界」は，トウコさんにとって遠く触れられない世界ではあったが，この「異世界」への思いがあったからこそ，こちら側の世界で生き続けることができていた，いわば支えになるようなものでもあった。

それでは，この章で取り上げようとしたトウコさんの異界の体験とは何だったのだろうか。この面接過程の中で，大きな転換点となったのは，やはり図らずも遭遇した被災の体験であったように思われる。この体験は，後のトウコさんの様子や語り，夢の内容を踏まえると，これまでの体験世界に亀裂を入れるようなものであったと考えられる。そこからトウコさんは，生々しくも豊かな感情の体験を自分のものとして生きていくことになった。そして，その亀裂は，魂を送ったあちらの世界と生々しい感情を持ちながら生きていくこちらの世界を生みだすことにもなったのではないだろうか。いわば，被災体験の後の事例の流れは，この亀裂をめぐって引き起こされていたものだと考えられる。この亀裂として現れたものが異界だったのではないだろうか。

しかし，この異界の体験は，はっきりと「ここ」として示されるような場所があったのではない。振り返ってみれば，＊駅がその亀裂としての異界の場所だったかもしれないが，そこでの体験について語っていた面接室においても，その異界が開かれていたと考えられる。それは，亀裂としての異界がトウコさん自身の中に刻み込まれていたために，面接室の中においても，被災の体験が語り出され，それによって生じてきた生々しい感情体験が，筆者との間で共有されていくということが起こっていたと考えられる。異界とは具体的な場所を指すというよりも，その亀裂がもたらした体験世界やその切れ目そのものに現れているのではないだろうか。その亀裂をめぐって語られることが，異界の体験として表象されるものでもあるだろう。異界の体験は，トウコさんとトウコさんの世界との関わりの中に

生じていたともいえるし，面接室での筆者との関係の中においてもパラレルに生じていたといえる。そこでは，その体験の語りを共に聞く筆者も巻き込まれ，その異界の空間にいたということもいえるだろう。異界とは，亀裂をめぐる体験が語りだされるその場において生じてくるものなのではないだろうか。そこに含まれているときには，異界が現れているということは意識されていない。それは，トウコさんから自分を無にするという霊送りの夢について語られたとき，初めてそれが閉じられたのだと筆者が気づかされたということにも表れているだろう。ある「場所」が異界であり，そこから出て帰還するということではなく，その場が閉じられて初めて自分自身が異界に包まれていたということに気づかされるような体験ではないかと考えられる。そして，閉じられた後にその異界は，自分とはまったく関係がないものとして消えてしまうのではなく，あとに残された豊かな体験が「異界の痕跡」として残り，その関わりは続いていくのである。このような一連の動きこそが，異者との出会いの体験として考えられるのではないだろうか。

第 2 部

「わたし」と異者

それは人間の力と理解力ではとても捉えられず，圧倒されてしまうような原体験なのである。この体験の価値も重みも，その言語を絶した性質にある。それは永遠の深みから，よそよそしく冷たく現れるかと思えば，おごそかに重々しく立ちのぼってくる。あるときは異光を放つデモーニッシュでグロテスクなもの，人間の価値や美の秩序をみじんに砕く，永遠のカオスの恐怖をかり立てるような攪乱であり，ニーチェとともに言えば"人間の尊厳を冒す罪"である。
　　　　　C.G.ユング『創造する無意識』（松代洋一訳，
　　　　　　　　　朝日出版社，1985年，pp.16-17）より

第1部では，心理臨床の場における異者との出会いについて扱ってきた。心理臨床とは決して特別な場ではない。確かに，心理療法には守秘義務があり，その場では何が行われているか当事者以外に知らされることはなく，さらに特別なセッティング（時間・場所・料金など）で行われる非日常の世界であるように思われるだろう。

　しかし，生きている中で病気にかかったり困難にぶつかったりしたことが一切ない人などいないように，心理臨床の場に悩みや問題を持って訪れる人が決して特別な人たちなのではない。悩みや問題に真摯に向き合おうとすること，生きることについて深く考えることは，心理臨床の場においてはそこでの体験が特化あるいは深化された形で表現されることはあるが，それ自体は我々誰にとっても生じうることであり，実際に生じていることであるという普遍性を持つものである。それと同じように，異者との出会いももちろん心理臨床の場においてのみ生じてくるものではなく，我々誰しもにとって身近なものであるはずである。

　第2部においては，これまで異者との出会いをどこか外側から見ていた視点を，わたしたち自身がまさに体験するものであるという視点へと掘り下げてみよう。

第4章　異者と創造性

1　創造という未知の領域へ

　我々にとって何気ない出来事でありながら，よくよく考えてみると不思議で神秘的な体験の1つに創造するということがある。それは形あるものを作ることであったり，あるいは何かをひらめくという形で訪れたりする。そのとき，我々は普段とは違う特殊な体験世界にいるといって良いだろう。没頭してもの作りに打ち込み我を忘れたり，シャワーを浴びている時にぱっとひらめいて世界が一変したように感じられたり。それらは身近な異者体験といえるかもしれない。

　本章では，《創造》という体験から異者との出会いについて迫ってみたい。《創造》と異者の体験とはいかなる関係にあるのか。これまで何度も触れてきたが，異者との出会いは我々にとって豊饒性に富む体験をもたらすものと考えられる。例えば，古くから異界とのやりとりとして行われる神や精霊を祀る祭事は，インスピレーションの源泉として捉えられていたり，夢や変成意識の体験においてもたらされる発見やお告げは人々の生活に

とっての新たな道を指し示す知恵として捉えられていた。これらの営みからは，人々が異者との出会いによってもたらされる新たな知恵，活力，表象に触れながら，彼らの生を豊かにしてきたということが読み取れるのではないだろうか。これが本書でいう異者と完全に同じとはいえないとしても，異者との出会いの体験には，創造性の源泉としての姿を見ることができるだろう。

そこで，本章では異者との出会いの体験を《創造》という切り口から取り上げる。我々が，古代から憧憬を抱いてきた異者がもたらす創造性とはいかなるものなのか，本章では，《創造》の体験から異者との出会いに迫ってみたい。まずは，古くから人間にとっての謎であった創造性は，いかに考えられ，取り扱われてきたかということを概観する。その中で，特に創造性との関係が深い心理臨床における位置づけについても検討する。

そして，我々が創造性をどのように考え，どのように扱ってきたかをまとめた上で，いまだ解き明かされていない《創造》の営みついて，実際の創造の現場に関わる芸術家の創造の体験についての語りを取り上げ，創造とはいかなるものか，我々に何をもたらすものなのかという点から論じていく。創造はいかなる「体験」なのかということを，芸術家の語りの内側から見ていくことで，その未知なるはたらきの一部に光をあててみたい。

創造性研究の概観

創造について不思議で神秘的な体験と書いたのには，創造性や創造体験についていまだに明らかになっていることが多くはないという理由がある。後にまとめるが，創造性研究については創作された作品や言語的なやりとり，夢，遊びなど，対象化されるものについては多くの言及がある一方で，作品が生みだされるときの感覚やそのときの体験，創造する過程にまつわる体験そのものについては，十分な研究が行われていない（横地・岡田，2007）。何かが生み出される瞬間というのはブラックボックスのままなのである。ここではまず，これまでになされてきた創造にまつわる研

究や創造性の扱われ方について概観してみよう。

創造性とは,古くから我々人間にとって興味の対象であり,研究が続けられてきたトピックでもある。創造性という概念は古くは紀元前から扱われており,その当時は,創造性は神秘的な力として考えられていた。創造性とは何かを創り出す力であると同時に,破壊する力もあると捉えられており,創造性は神や人間を超える力が授けるものであるとされていた。中世に入ると,創造性といった個人の特別な能力というのは霊性によってもたらされるものとして見なされるようになってくる。そして,ルネサンス期になると,その創造性は神や人間を超えるものの力ではなく,個人の力が拡大してきたものであるというような捉え方に変化してきたという (Albert & Runco, 1999)。

16世紀から18世紀には,自然科学の発展の時代を経て,宗教の力が弱まり,創造性とは個人の力によるものであり,遺伝だとする考え方が強くなってくる(矢野・柴山・孫ら,2002)。19世紀半ばに入ると,精神科医のロンブローゾを先駆けとして天才論や病跡学の研究が発展し,精神医学や心理学によって創造性の秘密へと迫ろうとする動きも生じてくる。そして,「創造性」と銘打って,より科学的に創造性や創造過程について研究しようとする動きがでてくるのは,1950年ごろのギルフォードなどが中心となった創造性に対する因子分析研究の応用が行われるようになってからである(恩田,1967)。その後,創造性はパーソナリティや知能,動機づけなどとの関わりから計量心理学的な研究が進められてきた。1980年代ごろまでは,心理学,生理学,経営学,教育学,工学の分野で創造性研究が盛んに行われるものの,その後10年ほどは研究が停滞する傾向が続いた。1990年代以降になると,認知科学や脳研究の発展により,創造性研究に関する知見が拡大し,近年では,特に経営学や科学技術分野での研究が進められているという(矢野ら,2002)。このように,創造や創造性をめぐる問いは,人間の歴史とともにあり,長い間,探究され続けてきた。その中で,創造性は各分野からそれぞれに調査や研究がなされ,細分化される形で論じられている。しかしその一方で,創造とは何か,創造性とは何か,という根源的

な問いへの答えはいまだ見つかってはいない。

創造性に関する心理学的研究の動向についてまとめている孫媛らによると，創造性の定義には研究によって多様性があるという（孫・井上，2003）。しかし，創造性の定義や基準の明確化はいまだなされず，それ自体が創造性研究の大きな課題の1つといわれている（Sternberg & Lubart, 1996; Mayer, 1999）。ここでは，まず日本創造学会の定義を挙げてみよう。そこでは"創造とは，人が異質な情報群を組み合わせ統合して問題を解決し，社会あるいは個人レベルで，新しい価値を生むこと"とある。また，創造性研究全体を概観し，その概念を整理している恩田（1995）の定義では，創造性とは"ある目的達成または新しい場面の問題解決に適したアイディアや新しいイメージを生み出し，あるいは社会的・文化的に，または個人的に新しい価値あるものを作りだす能力，およびそれを基礎づける人格特性である"（恩田，1995, p. 20）という。創造性とは，問題解決のために価値のある新しいものを生みだすことということが，本質的な意味だと考えられる。それを，恩田は"質的飛躍"（恩田，1967, p. 17）という言葉を用いて表してもいる。

そして，このような創造性について考える際には大きく2つの視点がある。1つは，芸術家が作品を創作するといった，"今だかつて存在しなかった新しい何かを創り出すこと"（福島，1984, p. 1），そしてもう1つは，"人間の生き方そのものを，創造的か否かと評価する立場"（前掲書，p. 2）である。この2つの見方によって，創造性を捉える幅はさらに広く，深くなるといえるだろう。そして，この2つ目の立場は，心理臨床における創造性を考える際の視点と密接に関わっている。

心理臨床と創造性

先に触れたように，人間の生き方そのものを創造の場と見なす立場からいえば，心理臨床は創造性と深い関わりのあるものであろう。創造性については，心理臨床の領域においても様々に研究が重ねられてきたテーマで

もある。

　例えば，フロイトは，神経症と創造性の構造に類似性を認め，創造とは満たされなかった願望充足の結果として考えている。そして芸術創造を，昇華というはたらきとして説明しようとする。特に，レオナルド・ダ・ヴィンチやゲーテなどの芸術家の幼少期からの体験や芸術作品を取り上げて考察し，創造には幼少期の願望充足としての側面があるということを指摘している（Freud, 1910/1969; 1917/1969）。

　ユングにおいては，彼の述べる「個性化の過程」を創造的な営みと捉えていいだろう。個性化とは分化の過程であり，個人の人格の発達が目標となる。ユングの考えでは，無意識の内容は意識にとって並外れた価値を持っているのであり，そこから浮かび上がってくるものを意識が受け取っていき，その意識と無意識という対立するもののはたらきが全体性へと通じていくという（Jung, 1971/1985）。このようにして，人は創造的な過程を進むと考えられるのである。そのため，ユングは無意識を創造の源泉として捉え，そのはたらきを患者の治療に生かし，実際に絵画や文学，造形などを通じて想像力を利用することに関心を持ち，創造的潜在力を治療に活用していた（Storr, 1972/1976）。

　またクリスは，芸術家やその創作体験について精神分析的研究を行い，"自我による自我のための退行（regression in the services of the ego）"（Kris, 1936/1976，邦訳 p. 173）という概念を提示し，芸術家は創作過程において，一時的，部分的に自我をこころの原始的な部分に退行させて，未分化で本能的なエネルギーを創作や発明といった創造活動に充てているということを説明している。これは，退行という概念に創造的で健康な面があるということを指摘している点で大きな意義があるという（山中，2004）。

　そして，エレンベルガーは「創造の病い」という概念を提示している。創造の病いとは"ある観念に激しく没頭し，ある真理を求める時期に続いておこるもの"（Ellenberger, 1970/1980，邦訳下巻 p. 35）であり，その結果"当人は，人格に永久的な変化をおこし，そして自分は偉大な真理，あるいは新しい一個の精神世界を発見したという確信を携えて，この試練のるつぼ

の中から浮かび上がってくる"(前掲書,p.36) ものであるという。そして,フロイトやユングなども創造の病いを経て,自らの理論を確固たるものにしたということを述べ,創造の病いが果たす役割について論じている(Ellenberger, 1964/1999)。エレンベルガーの提示した創造の病いは,病いを通過することのプラス面に光を当てたものとして貴重であり（中井, 2004),この概念においては,病いを通して創造性が開花するということが見て取れる。

心理療法において,「遊ぶこと」について論じているウィニコットによると,創造性とは普遍的なものであり,生きていることに付随するものだという (Winnicott, 1971/1979)。そして,遊ぶことにおいてのみ,子どもも大人も創造的になることができ,その場合に自己を発見する。つまり,バラバラで無定形に機能する,あるいはばかばかしく見える遊ぶことというような人格の無統合状態においてのみ創造的といえるものが出現可能になるのだという。ウィニコットは治療において,クライエントが遊びを通して創造性を発揮することを目指していたといえよう。

また河合隼雄は,心理臨床におけるイメージと関連する問題として創造性を論じる中で,各人が自分の人生を創造していると述べ,様々な芸術家を引き合いにだしながらも,我々にとっては自分の人生こそが作品であり,エネルギーをかけて自らの人生を創造しているという面を強調している(河合, 1991)。また,三好暁光は,心理療法の場において,治療者と被治療者が向かい合う間に介在する,言語や沈黙,絵画や造形作品,箱庭や夢,転移や退行という現象,アクティング・アウト[1]と呼ばれる行為も含めて創造と呼んでいる（三好, 1992)。心理臨床の実際の場面において用いられる芸術療法（Art Therapy) においても,技法・種類ごとに様々に研究が

---

[1] アクティング・アウト（行動化）とは"治療過程で,葛藤をめぐる記憶や感情が言葉ではなく行動を介して表現されてしまうこと"（福井, 2002, p. 135) である。例えば,治療者に対する陰性感情を面接室の外での関係（家族や恋人など）に向けたり,面接予約をキャンセルしたり,遅刻したりするなど,面接内で言語化して扱うべき問題が実際の行動として生じてくることが挙げられる。

進められ，クライエントの表現や創造行為を媒介にした治療が行われている。さらに，山愛美のように「造形の知」という独自の概念を用いて，心理臨床の場における創造性について論じている立場もあり（山，2001），心理臨床の場においても創造性の研究というのは多岐にわたり，重要なテーマとして扱われていることがうかがえる。

　心理臨床における創造性とは，我々が生きる道筋を発見していくことに大きく関わり，無意識や他者との関係からわき起こってくる営みについて述べるものであるようだ。そして，それは特別な才能を持つ人間だけのものではなく，普遍的に誰もが持つ力として考えられている。そこでは現実に可視化・可聴化されるものだけが，創造と関わるものではないということが分かる。そして，その創造の体験によって，臨床事例が展開したり，創造の体験そのものが治癒的に働いたりすることもある。そこではやはり，クライエントやセラピストの全存在に関わる何かが生みだされており，創造性によってもたらされるはたらきや活性化されるものの存在を感じることができるだろう。

創造体験の語りから異者との出会いに迫る

　このように創造性については，多種多様な方面からその謎を解き明かそうと研究が積み重ねられてきた。本書では創造を異者との出会いの体験として捉えるという新たな切り口で加わってみたい。そこで重視されるのはやはり「体験」という次元である。本章では，その「創造の体験」に迫るべく，創造行為が行われる際の体験や思考過程そのものを「語り」という形で取り上げ，それを事例研究として検討するという方法をとりたい。ものが生み出されるという地点を言葉にするというのは難しい作業である。そこで，創造の最前線の現場にいる芸術家の言葉を借りて，そのブラックボックスにおける体験を取り上げてみたい。

　創造性研究の中で大きな柱の1つとなっている研究法が事例研究である。これは，特定の卓越した個人に関して詳細に分析していくというもの

であり，創造性研究の端緒となった研究法である（姜，2009）。創造性研究における事例研究法とは，著名な作家，芸術家，科学者などの自伝などを分析する方法であり，それによって研究が多く積み重ねられてきた。しかし，それらは創造と関連するパーソナリティはいかなるものかという点を探ろうとしたものが多く，また特に病跡学として病理や異常性の探究に傾きすぎていたと批判されるという（福島，1984）。一方，芸術家自身の制作にまつわる語りやインタビューなども見られる（例えば，カンディンスキーの自伝『回想』(1913/2000)，フランシス・ベーコンのインタビュー集『肉への慈悲』(Sylvester, 1975/1996)，9人の作家のインタビューをまとめた『ナイン・インタビューズ 柴田元幸と9人の作家たち』（柴田，2004）など）。これらは，創造性について明らかにすることを意図して行われたものではなく，各人の制作体験や芸術に対する考えがまとめられたものであるが，そこでは作家や画家の「独自の表現」で生き生きと制作する体験が語られ，その人なりの制作に対する姿勢が生のまま伝わってくる。

　本書では，創造の「体験」ということを重視しているため，そこから得られる生き生きとした語りを取り上げ，その様相に迫っていきたい。それを個人のパーソナリティや病理に結び付けていくのではなく，いかに創造の体験がなされるのかということに焦点づけていきたい。ここで大事なのは，「語り」という点である。創造の体験に迫るときに，外側の視点から捉えるのではなく，創り手の内的な動きやそのときの感覚をつかむことが肝要と考えられる。そして，その人の内的な動きや思考の流れ，身体感覚などを最もよく表現できるのは，主観的な語りであろう。こちらが提示する指標や概念を用いて研究することで，外側から切り取った創造の体験に陥る可能性を避け，より生に近い体験を掬い上げるために，創造体験の際の語りをその内側から検討することを試みる。創造とはどのように体験されるのか，その際に沸き起こる内的感覚や思考過程というものはどういったものなのか。そこで引き起こされる内的な動きを見ていくことで，創造とは何か，そのときに我々の側にもたらされているものは何かということに少しでも近づくことができるのではないだろうか。

2 芸術家・名和晃平の語り

創造とはどんな体験か――名和晃平へのインタビュー

　これまで述べて来たように，創造性を考察するために，ものが生まれる際の感覚やそのときの意識の状態，思考の過程といった面から創造の体験に迫ってみたい。そこで，本章では，日頃創造の現場に意識的に関わっている芸術家に，その体験について語ってもらい，その内容から創造とはどのような感覚体験のうちになされているのかという点について迫り，心理臨床における創造の体験について考える一助にしたい。

　無論，クライエントとの面接過程において現れる表現や面接過程そのものから事例的に創造性について取り上げ考察することも可能であり，実際にそのような方法で心理臨床に資する研究は多くなされている（中井，1976；山中，1999など）。しかし，ここではあえて心理臨床の場とは異なる芸術の現場に目を向け，芸術家の創造体験について取り上げる。ここで芸術家の創造体験について取り上げるのは，次のような期待からである。芸術家は，一般の人よりもその創造体験について，創造を行う側の主観的な感覚に敏感であり，そこに焦点づけることができると同時に，その体験を言語化して対象化しうるということが考えられる。さらに，心理臨床における創造性の研究を概観した中で触れたように，創造性という点については，特別な才能の有無にかかわらず，すべての人間が有するものであるという立場からいえば，あえて心理臨床の枠組みの外から創造性について取り上げることによって，心理臨床における創造性について新たな視点を提示することが可能になるのではないかという狙いがある。

　本章では，芸術家の創造体験についての語りを取り上げ，創造の体験の際の，内的な感覚や思考過程について検討し，創造の体験とはいかになされ，それは我々に何をもたらすものなのかということを論じていく。そのためにここで取り上げるのは，芸術家・名和晃平（1975年〜）の制作時の

体験についてのインタビューである。名和は，現代彫刻家として国際的に活躍中の作家であり，すでに高い評価を受けている。ガラスビーズや発泡ウレタンなど多彩な素材を用い，「ものの表皮」に対する意識から出発し，多彩な表現を行う作家である（作品は図4-1，4-2を参照）。現在は，SANDWICHという自らが立ち上げたアトリエ・アートレジデンスにて制作を続けるとともに，芸術大学にて教鞭もとっている。

　先に触れたように，名和は国際的にも認められた作家であり，さらに，自身の制作やその方法論について，名和（2003）にもまとめている。その経験から自身の制作体験について語る言葉を持っており，十分にその体験について語ってもらうことができると考えられた。また，現代アートの作家として，技法や型にとらわれない自由な表現方法を持ち，さらに現代という時代性に根ざした制作活動を行っている作家であると考えられ，現代という時代性を反映した視点からも考察できるのではないかという期待があった。

　2011年12月，名和のアトリエを筆者が訪問し，約2時間30分の面接調査を行った。面接では，「作品のコンセプトに至るまでや制作中においての体験過程・思考過程など，どういうことを考えていたということだけでなく，そのときに内的にどのような感覚がしていたのかという点を交えながら，自由にお話しください」とお願いし，思いつくことを自由に語ってもらった。この面接調査は，質問項目をあらかじめ設定しない，いわゆる非構造化面接であり，自由連想的に創造にまつわる体験について語ってもらう構造になっていた。これは，創造体験についての感覚や思考過程などを，できるだけ名和本人の感覚に沿うものとして語ってもらうことを意図していた。筆者は，語りの流れを損なわないように配慮しながら，適宜質問を挟んだり説明を求めたりして，面接を進めていった[2]。インタビュー全体を通してどのようなことが語られたかを示すために便宜的に分類し，表

---

[2] 面接中は，内容をICレコーダーで録音した。最終的にそのデータはすべてを文字に起こし，それをもとに検討した。

第 4 章　異者と創造性　113

図 4 − 1　《PixCell-Double Deer#6》2012
© Kohei Nawa | SANDWICH / Photo: Nobutada Omote

図 4 − 2 《Scum-Compulsion》 2007
© Kohei Nawa | SANDWICH / Photo: Keizo Kioku

表 4-1　インタビューの分類

分類	分類の説明	内容
制作に対する考え	自分の制作や芸術に対する，おもに理念や姿勢についての語り	名和の考える「アーティストとは何か」について／作品に物語性を込めることへの拒否／制作とは哲学の実践である／自己表現を追求する時代は終わった／コンテンポラリーアートについて
制作中の体験	制作中の体験や体感にまつわる語り	ドローイングと彫刻をする際の身体感覚／素材感覚の蓄積について／「素材を開く」体験について／イメージの飛躍／物性が変化していくときの感覚
子ども時代のこと	子ども時代の体験について	衝動に駆られ，夜になると近所の屋根の上を歩き回っていたエピソード／小さい頃に亡くなった飼い犬のエピソード
シュタイナーについて	影響を受けたルドルフ・シュタイナーについての語り	シュタイナーの思想とそこから受けた影響
その他	雑談や筆者についての質問	カウンセリングについての質問／趣味の話

4-1 に示している。

　面接内容は 3 万字にもわたる膨大なデータとなり，すべてを扱うことはできないため，まず，名和が制作の際の感覚を語っているものとして「衝動と存在の同等化」について取り上げる。また，名和が制作中に大切にしている態度として「素材を開く」ということが語られた。その態度について理解を深めるために「作品に物語性を込めることへの拒否」という部分について触れた後，「素材を開く」ということについて語られた部分を取り上げて検討する。そして，名和が作品を制作する際の体験や感覚が細かく語られており，その様子がよく理解されると思われた「ドローイングと彫刻をする際の身体感覚」について語られている部分を取り上げる。

　以下，その 4 つのポイントを「衝動と存在の同等化」「物語の排除」「素材を開く」「身体性を通した素材との関わり」として項を立てる。その 4 つのポイントから，名和の語る創造の体験とそこから見えてくる異者との出会いについて考察していこう。

「衝動と存在の同等化」

　まず面接の冒頭，名和はアーティストという存在について次のように表現した。

> アーティストって半分人間じゃないですよ。神様とか，悪魔とか，天使とか，妖怪とか，幽霊とか分からないけど，いろんな人間と人間じゃないものも含めてそういう存在を認めるならば，アーティストって全部の間に行き来している存在だと思うんですよ。だから，人間という輪郭の中にとどまらない存在だと思うんです。

　そして，アーティストやもの作りに関わる人たちは，通常の人間世界や社会でのルール，倫理観を超えたところも含み込んで生きていき，その振れ幅の中のどこからか「持ってくる」ことが制作であると述べる。(〈　〉は筆者の言葉，（　）は筆者による補足を示している。)

> 〈持ってくるとはどういうことなんでしょうか？〉夢の中でもいいし，無意識の世界でもいいし，妄想の世界でもいいし，それから本当に社会的に反社会的な行為とか空間から生まれるものっていうのもあると思いますし，どこかから持ってくるってことです。〈持ってくるというと主体的な行為という感じがしますが〉うーん。衝動ですね。意識的にやるのではなくて，もう衝動に駆られているんだと思いますね。なだれこんでくるみたいな。

と語ったあとに，幼少期の記憶を思い出す。

> ……なんか子どもの時に，人の家の塀の上とか，屋根の上とか，どんどんどんどん夜中に，みんなが寝ている時間に，近所の屋根の上を回っていたんです。だからもう野良猫と一緒ですけど，それ自体ダメじゃ

ないですか（笑う）。それってなんかもう，衝動で動いているっていう感じ。なんか昼間はみんな，道路をこう道に沿って歩くとか，人の家に入っちゃダメとかあるじゃないですか。だけど，空間ってもっと自由に行けるはずなのに，みんな当たり前みたいにそうやって行動が規範に沿って，行動しているっていうのはなんか違和感を感じていたんですね。（中略）でも結構，それは僕の中では象徴的なことで，なんかそういう夜に衝動にかられて，そういう境界とか，区画みたいなのを失くしてしまうっていうか，全部同等にしていくというか。だからそれって，主体的な行為でもないんですよね。自分でもなくなっている状態っていうか。

　名和は「どこかから持ってくる」というのは主体的な行動ではなく，それは衝動的なものだと語る。その上で，幼少期の夜中に屋根の上を渡り歩いた行為について連想が及んでいく。この子どもの頃に名和が行っていた「夜の徘徊」行動は，意味や目的を持っているのではなく，ただ沸き起こってくる衝動に身を任せているような状態であったことが推察される。そして，それは境界や区画を無くし「全部同等」にしていく行為であり，自分というものが失われている状態である。この子どもの頃の衝動的な行動と制作の際の「持ってくる」感覚は名和にとって近しいものであるのだろう。
　この境界や区画がなくなり「全部同等」になる状態について考えるとき，第1章で触れた中沢（2003）の述べる「対称性」の世界が思い起こされる。対称性の世界では「あの世」と「この世」がひとつながりになり，通常考えられる普遍性やルールは覆され，あちら／こちら，わたし／あなたの区別も曖昧になっている。そこが異者の出現する場所であった。この名和の語る「全部同等」の世界は異者との出会いが生じる境界的な世界であると考えられるだろう。そこにこそ生き生きとした新たなイメージの世界がうごめきだし，そこから「持ってくる」という形で作品が生み出されるのだ。ここにおいて名和の「アーティストは全部の間に行き来している存在」と表現することの意味もよく分かってくるだろう。

図4-3 《少年と神獣》1998
© Kohei Nawa | SANDWICH

　自分が自分であるということすら無くなり，ただ「衝動」としての動きがそこにある。それによって動かされながら，境界的な世界を徘徊していく。それが創造する際の名和の体験世界なのだろう。これは決して，「こういうものを作ろう」とこちらに主体を置きながら考えたり，モデルを単なる対象として捉えたりするという姿勢からは生じてこない。そこでは「わたし」を超える生き生きとした世界は決して立ち現れてはこないだろう。

「物語の排除」

　このような制作中の姿勢は，名和の中である変化が起こった時点からさらに強調されていった様である。そのポイントについて語っている部分を取り上げてみよう。名和は，自ら大学の卒業制作で作った《少年と神獣》(1998)（図4-3参照）という作品を，「自分自身の物語」「小さい神話」と

して作品にしようとしていたことを語り，次第にそういった自らの制作の姿勢に対して「自己表現や自己実現のために作るのってちょっと違うな」と違和感を覚えたことを語った。そして，その後の制作の姿勢について次のように語る。

> やっぱり，自分の殻の中で作ってたことをもっと外で，自分じゃない場所で，クリエーションができるんじゃないかって。その方が，他人と自分を繋ぐ場が，もっとこう，自分と他人とがもっと同時に確認できる状態で，その場が組み立てられていくっていうことが実感できたんでしょうね，多分。自分の中だけで，やっていたら物語が自分の中でぐるぐるぐるぐる堂々巡りをしていたような状態から，自分の中で作るんじゃなくて，もう外側で，自と他がなんか一緒に会うような状態で，同時に見えるような状態。それをまあ，「素材を開く」っていっていたんですけど，同時に開いていくっていう状態をその場でやっていったらいいんじゃないかって思いだして，それで，結構自分の物語とか主体性とか，自分の自己表現みたいなものを一切排除するようになったんですね。

また，次のようにも表現する。

> 「わたし」っていう表現はもうやられている。私小説的なことは。だからもうやる必要がない。（中略）むしろ，そういう狭い間を全部貫通するような，スカーンって全部に響く，いっぺんに響くような表現を求められているし，自分もそれをやりたいと思っているんです。そこには「わたし」みたいなものから離れていくというか，僕とかわたしっていう概念がない。そういう響きみたいなのを捕まえたい。

名和は，当初自分の物語を作品に込めて，それを表現しようと制作していたことを語る。しかし，その制作姿勢について違和感を覚えた後は，自

らの物語や主体性，自己表現を排除しようとする姿勢へと変化したようである。

　ここで名和の述べている「物語」とは，「主体性」や「自己表現」と同列に語られるもので，「私小説的」なものを意味していると考えられる。そこで排除しようとしているものは，「わたしの」物語である。この「わたしの」という言葉は，個人的な内的感情や個人史的なストーリーのことを指すだけでなく，自分が持っている思考や態度，価値観など，「わたし」を形作っているものや「わたし」であることに付随しているものを指しているのではないだろうか。だから，「自と他がなんか一緒に会うような状態で，同時に見えるような状態」というのは，作品自体が意味やストーリーから放たれた存在そのものとして，そして鑑賞者が「わたしである」という枠組みから越え出たその存在そのものとして出くわすような状態であるということを意味していると考えられる。それは，別の場所で筆者が発した〈僕やわたしという概念がないとしても，やはり一個人が作品を作る。どのように作るかという手法に個性が現れると思うが，作品の表現方法という意味での個人の違いはどのように考えていますか？〉という質問に対し，名和は「それは１つのサンプルというだけ。ただ単にそういう特徴がでているというだけ。それ自体に感情移入や共感性みたいなものはない」と答えたことにも強く現れている。

　その人個人の物語や「自己」表現ということを排除するということは，どういうことなのだろうか。河合俊雄が，芸術における主体について問う中で述べた次のような言葉が印象的である。河合は"芸術作品が署名されるに値するためには，作品にアイデアや独創性が認められねばならず，それを作った人の特徴，人格が表れているとみなされる。芸術作品とは，作者の人格が創り出したものなのである"（河合，1999，p. 22）と一般には見なされると述べる一方，"芸術作品の主体を作者に限ることには，人間主体の傲慢さや自分を過大評価した思い上がりがみられるかもしれないのである。芸術作品とは常に作者の主体以外の，それ以上のものが作っているとみなした方が妥当であろう"（前掲書，p. 24）と指摘する。つまり，霊や

精霊，無意識など，人間の主体を超えたものが作品を作るというのだ。このような見方は，芸術家個人の主体や物語を排除し，それらを超えるものに，創造の過程を委ねているといえる。これは先ほど触れた，「全部同等」な境界的な世界から「持ってくる」という行為と通じるだろう。

そもそも「ものがたり」のモノとは，折口によると"ものは霊であり，神に似て階級低い，庶物の精霊を指した語である"（折口，1955, p. 319）といい，川戸は，その「モノ」について"言葉では表せない，不思議な力を持つ存在"（川戸，2001, p. 157）と表現する。名和の制作時の姿勢について考えたとき，名和のいう「物語の排除」は「モノガタリ」の排除でないことが明らかである。私性や主体性を排し，境界的な世界から「持ってくる」ということは，「モノ」そのものとの関わりを持つことだと考えられる。モノの次元においては，「わたし」「あなた」「それ」という区別がなくなり，それぞれがそのモノと対峙し，モノから呼びかけられる。石井匠は"ヒトがモノ*3を生みだそうとするとき，そこには日常の感覚世界とは異質な時空間が現出する"（石井，2009, p. 51）と述べ，創造の場において生じるある種のひらめきを"モノの到来"（前掲書，p. 52）と呼ぶ。非日常的なカオスの世界と秩序だった世界のインターフェースとしてモノが到来する場を見ており，そこにおいて「モノ」から創り手が働きかけられるという。名和にとっての創造とは，モノとの遭遇ということを表象化していくことなのではないだろうか。

ここで興味深いのは，このモノとの遭遇の体験は，制作する名和だけに起こっているのではなく，鑑賞者が作品に触れるときにも起こっていると考えられることである。例えば《Scum-Compulsion》（図4-2）という作品の前に立ってみる。初めは「なんだろう」と興味を惹かれてその作品に近づいていく。しかし，じっと見つめているとそれが「発泡ウレタン」であるとか，「1つの作品」であるという認識を超え出て，「何か」としかいい

---

*3　石井（2009）はモノを"物質的な「もの」に霊的な「気配・魂」を宿す「モノ」"（p. 51）と定義している。

ようのない塊が迫ってくるような感覚に陥るのである。それは，わたしの外側から実際に迫ってくるような感覚でもあるが，実はわたしの中から引き出されているものなのかもしれないという内と外の揺らぎにもさらされる。それを怖いと感じながらも，その「何か」に肩をつかまれるかのように見入って立ち尽くしてしまう。言語的でないレベルでその作品と鑑賞者の間にやりとりが生みだされているのである。生物学者の福岡伸一が名和の作品を鑑賞して"「生命とは本来こういうものなんだ」と感じさせてくれるものがありました"（福岡・名和，2011，p. 42）と表現している。見る側が作品を単なる対象としてだけ捉えるだけではいられない感覚がそこには感じられる。そして，"「それでもあなたは鹿を鹿といいますか？」と提案をしているような気がしました"（前掲書，p. 44）と見る側の固定概念への揺らぎを引き起こす作用についても語っている。このことからも，「作品＝対象」だけに留まらず，あちらから何かを訴えかけられているという事態が引き起こされていることがうかがえるだろう。

　名和の創造の体験とは，自己の中で作られるという感覚ではなく，それを超え出た，「わたし」を超えたモノとの遭遇体験であり，作品を作る側も見る側もそれぞれがモノから関係を迫られるという感覚が生じているのだろう。そして，その制作の体験は，波紋が広がるように鑑賞者が作品と対峙するという段階に至ってまでも行き渡る。そして，そのような表現を，名和は「響き」という言葉で表している。これは，形のあるものではなく，音，あるいは振動のようなものであると考えられる。形のない「響き」が，作品・作者・鑑賞者の個別性を跨ぎ越し，いっぺんに行き渡る。これは，「わたし」や「ぼく」や「とある物語」のようなものに還元されることのないはたらきとして我々に迫ってくるのである。創り出された作品が，その実体として現れている形だけではなく，それがもたらす，はたらきといったものが創造性のもとにあり，名和は，それを「響き」として表しているのではないだろうか。

「素材を開く」

　それでは，先ほど名和が触れた「素材を開く」とはどういう体験であるのかについて取り上げてみよう。名和は「素材を開く」という体験について，次のように語る。

　　作っていくときに素材が開かれてくるというか，自分も素材も目の前で開かれていく形。〈開かれるとは？〉僕は「素材を開く」といっているんだけど，ここに何か分からないものがあるとするでしょ？生き物か鉄か，置物か，動物か分からないものがある。そしたら，「この物質なにー？」って見ないといけないでしょ。そしたら，初めて見るっていう体験になるし，で，じゃあこれなに？って脳は多分驚いているんですよ。じゃあその五感を働かせて，どうにか情報を引き出そうとしている。それは，開かれているんですよ。だから，既視感から外すことも，開くっていうことになるし，自分が知っている触感，触り心地とか，テクスチャーからも外していく。初めて見るもの，初めて触れる表皮みたいなもので，彫刻をしていくと，やっぱりそれは開かれているものが空間の中におかれている。大きくても，小さくても，近づいていったら開いていくっていう感じ。だから，それはここ（物質と見る人の間）で開いているっていうのだけでなくて，見る人の中で開いていく。（中略）いろんなものに見慣れて飽き飽きしている感覚から解放される瞬間だと思うんですよね。作るっていうのはそういうことだと思いますね。

　名和のいう「素材を開く」というのは，自分自身と対象の関係が既存のもので説明されないという状態を示していると考えられる。我々はその状態において，「見たことがない」「感じたことがない」「知らない」「説明できない」という感覚に放り出されるが，それと同時に，その対象自体に惹きつけられ，関係を迫られるというような事態が起こってくる。これは，

我々にとっての異者との出会いとして考えられるだろう。名和は「自と他が一緒に出会う」と表現したが，その際には対象が「何であるか」ということは消え失せ，それと同時に「わたし」ということ自体も消えていくということが，同時的に起こっている。それは対象とそれを見る「わたし」の境界の消失を意味しているように思われる。そこで起こるのは，作品・作る「わたし」・見る「わたし」の囲いが消え，互いの存在としかいえないようなものや身体的な感覚だけがふっと浮かび上がるような体験ではないだろうか。

名和のいう「素材を開く」という表現はそういった，概念・基盤すら超える，既存の境界を消失させる体験を目指しているように思われる。そうすることで，これまでの体験されていた世界の様相は一変するということになるであろう。そのような新たな体験世界を提示する試みが「素材を開く」ということなのではないだろうか。

「身体性を通した素材との関わり」

制作において衝動としかいえないものに動かされること，そして「わたし」というものが消失するということが語られていたが，それを支える場として，名和は「身体性」を頼りにしていることがうかがえる。それは，名和が彫刻を制作する際の感覚について語っている部分を取り上げることで明らかになる。名和はイメージの源泉について語る際にドローイングを描く感覚について語りはじめる（名和のドローイング作品については図4-4，4-5を参照）。

> ドローイングを描いて，それが一番感覚がどろどろどろーって出てくる感じがあるんですよ。（中略）ドローイングってそういう生っぽいものを表すことができるんですね，僕の場合は。ばあーって。今こういう感覚とか考えとかを最初に出すんですけど，それで捕まえたことを，今度は素材に置き換える。そうすると彫刻が出来上がって，彫刻

第 4 章 異者と創造性 125

図 4-4 《Gush #2》 2006
© Kohei Nawa | SANDWICH / Photo: Keizo Kioku

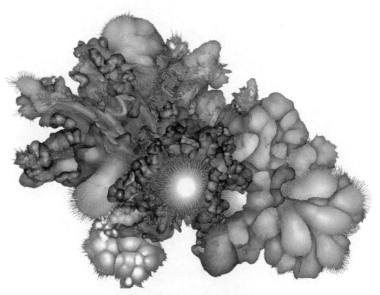

図4-5 《Gush #17》2008
© Kohei Nawa | SANDWICH

を作ると今度は素材体験がものすごい深い。素材との入りこみっていうか。僕は潜水しているみたいなイメージがあるんですけど，潜水って，潜って潜ってこう，彫刻作っているあいだって，素材の中にダイブして，どこまで深く入っていけるかっていうか，なんかもう素材になってるというか自分が。で，それからあがってきたら，今度は体に残っている感覚が，それがまたドローイングに出てくるんですよ。で，それのずーっと繰り返しで，ドローイングと彫刻がずーっとそうやって関係を続けている。それで結構ドローイングを描いて，コンセプトが生まれて，彫刻になるっていうのが続いているっていう状況ですね。

ここでは，制作がどのように始まり，どのように連なっていくのかということが語られている。名和は「ドローイング」を描く際の感覚を，「感覚がどろどろどろーって出てくる」「生っぽい」「ばあーって」というよう

に語る。非常に身体的で，プリミティブな感覚を体験しているようであり，意識や思考といったものとは異なる肉体・身体の次元で制作が行われているようだ。そして，それは非定形な動きやエネルギー，感覚として表出されている。その感覚を今度は「素材に置き換える」という作業が名和の彫刻のスタイルである。

　名和が彫刻にしていく際の，「潜水しているみたいなイメージ」「素材になっている」という語りもまた身体的な表現である。芸術作品の制作における「潜水」のイメージについては，山が"造形――形を造る――行為の過程には，身体性を介しての，象徴的な意味でのこのような下降と上昇の繰り返しが生じており，これこそが筆者のいう，「造形の知」が働く際のもっとも重要な要素であると思われる"（山，2001，p. 555）ということと通じてくるだろう。まさに名和は，素材に対して潜水するイメージで，深く潜り，自身が素材に等しくなりながら作品を作り上げていく。潜水は下降のイメージであると考えられるし，これを作品として作り上げる際には「あがってきて」作品の形を為していく。河合隼雄（1997）が，芸術作品を作る際には，自我を超えることが必要なのと同時に，強い自我の力がないと作品にならないということを述べるが，名和が「あがってくる」と表現することにも，強い意識的な力が必要であるに違いない。この名和の体験は，身体と素材自体との触れ合いであり，そこではクリスのいう"自我による自我のための退行"（Kris，1936/1976，邦訳 p. 173）のはたらきが生じているとも考えられるであろう。先ほど触れたモノとの関わりとして考えれば，精霊や無意識といったものが創造性を授けるというような制作の姿勢ではなく，自らが素材そのものへ潜水していき，その「モノ」としかいえないようのものとの出会いによって，生みだされるような体験を身体という場で感じているともいえよう。

　また，「素材になっている」という語りも，名和の制作中の体験として非常に興味深い。彫刻を制作する際には，素材を対象として，それを加工するという作業をしていくことになるが，内的な体験としては，素材が対象としては語られていない。相対する素材は，対象物でなく自分そのもの

となる感覚として体験されているようであり，そして，その瞬間にはわたしと素材の境界が失われている。そこでは，自らの身体の内的な感覚に敏感でありながらも，その境界が消失しているという，身体の内や外という境界では説明しがたい身体感覚が生まれる。それは，素材に入り込むのでもあり，素材になるのでもあり，自分の身体に素材を通す感覚でもあるのだ。その意味で，そのときの名和の身体とは，一個体としての境界は失われているように思われる。

さらに，名和の「ドローイング→彫刻→ドローイング」という制作の流れについて考えてみよう。その制作過程では，素材の触覚や感情体験が身体を通り抜け，それが作品として形に残っていくということが起こっている。このような創造体験の循環は，先ほどから述べているように身体性と強く結びついており，そこでは咀嚼，嘔吐，排泄のようなイメージをも惹起される。身体全体が受容器や通路となり，素材の感覚を「味わい」，身体感覚を「通す」ことで作品が形として生まれてくる。そこで身体に残った感覚がドローイングとして再度，「吐き出され」，それが再び素材の体験と重ねあわされて作品となっていく。ここでの身体も「わたしの」身体としてではなく，身体そのものとしての象徴的な存在とはたらきだけが存在するかのように思われる。名和の創造の体験においては，その身体からも「私」性というものが，消失しているのであろう。

3　体験の語りから見えるもの

「衝動と存在の同等化」・「物語の排除」・「素材を開く」・「身体性を通した素材との関わり」ということは違うトピックについて語られているようであるが，4つは互いに関係し，そこに通底するものがあるようだ。

まず，制作の体験世界とは，すべてのものを同等化していくような境界的なものであり，その中を衝動的な動きとして徘徊していく。そして，その動きの中から「持ってくる」という体験が創造を意味することがうかが

われた。
　そして，そのような制作について名和がとっている姿勢とは，「物語の排除」ということであった。「物語の排除」とは，「わたし」や「あなた」の枠組みを取り払い，「自と他が一緒に会う」ということを目指すものであり，それは存在としてのモノとの遭遇の体験を表現しているように思われた。さらにそれは，「響き」として作品・作者・鑑賞者を跨ぎ超えていくようなはたらきを指すのではないかと考えられた。
　その「自と他が一緒に会う」という状態を，名和は「素材を開く」という体験で迫ろうとしている。「素材を開く」とは，素材と対峙して，「何か」としかいいようのないものを体験することであり，そのことで我々は既存の概念や言語を用いて説明できないというところに突き当たるのではないだろうか。それは普段の理解し体験している世界の境界線の引き方を変容させる体験にもなりうるようなものであると思ってよいだろう。
　そしてそれらの体験を支える場として，身体性が考えられた。制作中の感覚は非常にプリミティブな身体感覚を引き起こし，自らの身体と素材の境界とが曖昧になるようで，同時に生々しく鮮烈な身体感覚が残される様相がみられた。しかし，そこでの身体は「わたしの」という私性を帯びたものではなく，身体の存在とはたらきだけが浮かび上がってくるような体験であると考えられる。
　これらの名和の制作にまつわる体験や姿勢とは，我々にとって当たり前のものとして引かれている世界の境界線を取り払い，これまでにない世界の体験様式を現出させるような試みであると考えられる。そこには，存在としか表現できないようなものとの出会いが生まれ，個を超えた身体性が浮かび上がり，新たな感覚体験を引き起こすのである。

境界の消失と界面の生成

　このような名和の語りに現れる，我々の世界の境界を取り払い，新たな世界の様式を提示する試みとは，既存の世界の境界の消失であり，新たな

世界の界面が生成される体験であるとはいえないだろうか。我々が分からない物に対して，「なんだろう？」と近づいていく状態を思い起こしてみる。そのときには，わたしがそのものを見ているという感覚は薄れ，そのものの存在とぐっと近づいて，境界が消えていくような感覚を覚える。名和は，そこで感じ取られることを鮮明につかみ取り，「私」性を失った身体感覚として，あるいは，一度に行き渡る「響き」として提示しようとしているのだろう。

　そして，ここで境界の消失と同時に，「界面の生成」ということを取り上げたのは，そこに大事なはたらきがあると考えたからである。境界の消失とは，世界を混沌として現出させることであるが，その中では我々自身も失われる事態になっており，混沌を感じ取ることはできないということを意味している。山口昌男は，"シュールレアリストが明らかにしたように，混沌こそは，全ての精神が，そこへ立ち還ることによって，あらゆる事物との結びつきの可能性を再獲得することができる豊饒性を帯びた闇である"（山口，2000，p.1）と述べるが，その混沌を混沌として理解し，感じ取るためには，そこに感じ取るまた別の〈わたし〉が必要になってくる。境界の消失は，混沌の世界の顕現であるといえ，その世界においては，いったん「わたし」「あなた」「それ」というくくりから外される。しかし，その中から，混沌がもたらす豊饒性を感じ取るには，対象との関係の中で固定されていた「わたし」ではなく，あくまで境界を消失し，それでも新たなモノを取り込みながら浮かび上がってくる運動体としての〈わたし〉が必要なのである。つまり，名和のいう「自と他が一緒に会う」という体験，あるいは「響き」を感じ取るということは，「わたし」の消失であると同時に，感じ取る〈わたし〉の界面を浮かび上がらせることでもある。「わたし」が作品となる素材を対象として見たり，感じたりするだけでは，混沌の世界に踏み入ることはできない。なぜなら，そこでは「混沌」というものすら対象化され，混沌そのものを体験することはできないからである。これまで自明だった「わたし」という境界をもったまとまりが，モノとの出会いに引きずり込まれることで，その境界を消失し，初めて混沌に身を

置くことになる。しかし，それと同時にモノから呼びかけられ，新たな世界を体験する〈わたし〉が生成されることが創造の体験ではないだろうか。その境界の消失と界面の生成という動きは，一瞬のことであり，その体験は「揺らぎ」として感じとられるしかない。そして，この「わたし」「あなた」「それ」の境界が消え，その瞬間に〈わたし〉〈あなた〉〈それ〉の界面があらわになるこの揺らぎの接面にこそ，創造の体験が潜んでいると考えられるのである。そして，これこそが異者との出会いによって引き起こされるものではなかったか。

　名和は，現代の造形表現において他者と自己を隔てる「異質性」に対する共通理解の可能性を探っていくことが，真の現実を見出すために必要だとし，そのために人のリアリティの感覚の拠り所である感性にアプローチをしようとする（名和，2003）。そして，"表皮"を"人間の感性及び身体の諸感覚と環境世界のインターフェース"（前掲書，p. 30）と位置づけ，"表皮"を表現の場に据える。この"表皮"は，世界とわたしをつなぐものであり，世界そのものの界面として論じられている。内面と外界，わたしと他者，知覚できるものとできないものについての間に生じてくることを"表皮"という観点から表現しているといえるだろう。"「表皮」は感性と物質を繋ぐインターフェースであり，感性と物質の交流の中からイメージが生じてくる。その現場をそのまま表現したい"（前掲書，p. 33）ということからも，そこで起こる現象を取り上げようとしているように思われる。

　名和（2003）のいう表皮を通した表現とは，我々がモノそのものとつながり，触れようとする体験を意味しているのではないだろうか。坂部恵は，触れるということについて，"能動—受動，内—外，自—他の区別を超えた原初の経験"（坂部，1983，p. 5）とし，そこには分ける以前の経験が潜むものであるというが，それと同時に，それらの区別を生じるための"地盤そのものを形づくる根本の経験"（前掲書，p. 31）であると述べることにもつながるといえよう。浅見は，このような体験を"個体的な自己の揺籃"（浅見，2012，p. 152）であると述べるが，まさにその揺らぎの体験に，新たなものに触れる体験とそれに触れるわたしの生成ということが起こって

いると考えられるのだ。創造の体験とは，このような「わたし」の消失と〈わたし〉の生成の間に生じるものなのではないだろうか。

物語は排除されるのか？

さて，名和の語りから見てきた創造の体験とは，「わたし」と「もの」の枠組みをとりはらった存在同士の遭遇であり，そこでは私小説的な物語は排除されるべきものであるということがうかがわれた。

しかし，物語は本当に排除されるのだろうか。河合隼雄が"心理療法の場面においては，何と言ってもクライエントが自分の経験してきたことを，自分のこととして，自分なりに納得することが必要なので，どうしても「かたちづくる」ことがなされねばならない。つまり，「語る」ことが必要になる"（河合，2001, p. 7）というように，心理療法では語ることが重要であり，また山口素子が"心理療法において，クライエントが自分の物語を発見し，それが癒しへとつながったとき，心理療法は終結し，物語は終わる"（山口，2001, p. 149）というように，心理療法では１つの物語が紡がれることが治療の目標ともされる。

ここでの物語は，「自分のこと」として，「自分なりに」納得する，「自分の」物語であり，心理療法の中で１つの物語が紡ぎ終えられるということの重要性が述べられる。普通，心理療法では，クライエント自身が悩みや問題を抱えて，自分の問題に取り組んでいくために，それを自分の物語として語り，自分なりに納得して，自分の１つの物語を終えて面接を終結するということが行われるし，それは当然のことかもしれない。しかし，物語の次元は「自分の」「わたしの」という所有格だけにとどまるものなのだろうか。

名和の創造の体験とは「わたし」という物語の排除であり，「わたし」というものの消失であった。そして，語る主体としての「わたし」が消失するということは，まさにモノの次元が語るものの現出ではなかったか。アガンベンは，"純粋の，いわばなおも物言わぬ経験"（Agamben, 2001/2007,

邦訳 p. 82）としてインファンティア（infantia）を措定する。そして，主体が語る者としてある，つまり主体が言語活動に支えられるものとしてある以上はインファンティアに到達することはないと述べる。名和のモノの次元の語りとしての創造体験とは，アガンベンの言葉を借りれば，"人間的なものと言語的なものとのあいだのたんなる差異"（前掲書，邦訳 p. 89）としてのインファンティアではないだろうか。これは「わたし」という主体の消失によって可能になることであり，名和のいう排除しようとしている物語とは，「わたし」という主体に語られるものを指していると考えられる。それでは，何が語っているのか。

名和はインタビューも終わろうとするときに，ふと，「言わなくてもいいことかもしれないけど」と前置きをして，《少年と神獣》（図4-3）という作品の神獣は子どものころの飼い犬がモデルになっていたというエピソードを語った。その犬と自分の関係を神話化して作ったものが，その作品だという。飼い犬が亡くなったときの喪失感を語り，そのときに抱いた命や身体の感覚について，次のように表現した。

> 今もどこかでつながっていて，死んだら1つになる。物質的にも，ずーっとみんなの体はつながっていて，ずっと流転しているから個別ではないというか。そういう身体観っていうのを持っていたんだと思う，多分。

この飼い犬との物語がもたらした名和の語りは，名和が目指す，物語を排除して，個別性を超え出た響きをもたらそうとする表現方法と似てはいないだろうか。名和は制作において，私小説的に主体が語る物語を排除し，素材そのものと出会うことで，筋書きのある物語とはいえない「響き」を体験することを目指していた。しかし，最後に語られたこの語りは，名和の個人的な小さな物語であるが，その中に名和の目指す物語を超えるという制作の姿勢の根源を見ることはできるだろう。このエピソードは，「わたし」という主体が語る物語ではく，いまだどこに配置されるのか分から

ない語り終えることのない物語の一端のようにも考えられる。これは「わたし」という主体が語る物語ではなく、「モノ」が語っている「モノガタリ」の中にいることとして考えられるのではないだろうか。

　心理療法において、個人の物語が紡がれていくことの重要性は、否定されるべきものではない。しかし、そこで「わたし」が語っている物語さえも、いまだどこに布置されるかも分からないような「わたし」を超える地平への視点を持つことは、生きることについて創造性への開けをもたらしてくれるように考えられる。これは「わたし」を矮小化し、軽視するものではないが、物語を語りきれない動きの中に生じているものとして捉えることで、心理臨床の営みをより創造的にしていくのではないだろうか。それは、クライエントとセラピストの間に生じる「響き」として表されるものなのかもしれない。

4　「もの」を創るということ

　さて、名和の創造体験についての語りを詳細に検討してきた。名和の語る言葉から創作とは何かということと芸術家の生々しい体験に少しではあるが触れられたように思う。異者との出会いは予期せず訪れるものであるということはこれまで触れてきたが、芸術家はそこへ自ら足を踏み入れていこうとする点で我々とは異なっているということがいえるかもしれない。異者との出会いを望んで足を踏み入れ（衝動という形ではあったが）、それを形にすることができるというのは、かなりの自我の強度が必要である。なぜなら、異者との出会いには常に自分や日常の世界を失う怖さや危うさが潜んでいるからである。

　とはいえ、ものを創る・生み出すということは本章の始めに触れたように我々にとっても身近な出来事である。何かを思いつくとき、はっとひらめくとき、それは我々が予期せぬときに訪れる。それは一生懸命考えて、意図して、何かを作り出そうとすることとは違う。目の前にふと新たな世

界が開ける体験である。その瞬間，我々は「わたしが考えたこと」という感覚とは異なる地平にいるはずである。それが自然な態度であるはずなのに，つい我々自身がそのアイデアを思いついた主体であると考えがちになる。人間が創造の場の中心であると錯覚してしまうのである。これは近代の自己意識，いわゆる人間中心主義的なこころのあり方がもたらす事態であろう。床呂郁哉・河合香織は"「ひと／もの」関係を「主／客」図式や命令／従属的な図式によって（のみ）把握するという人間中心主義的視点から脱却する"（床呂・河合，2011，p. 15）という問題意識を持ち，「もの」中心的な論考を集めている。そこでは，ひとともの主体／客体という二項対立への還元を避け，もの自体の持つ力やひとともののより複雑な絡み合いの相互作用に目を向けている。これももの作りにおける脱近代主義的な試みであろう。河合俊雄も近代的な世界観や自己観において個人の内面が成立した中で，科学や技術の発展を見ている。しかしそのために，人間が主体となったもの作りや創造性という考え方が強くなっており，そのことで，もの自体の大切さが失われてしまったり，ものとこころと人の関係の混乱が生まれたりしているということを指摘している（河合，2009）[*4]。

　一度近代的自己観を獲得した現代の我々が，それを全く手放すということは不可能であろう。しかし，異者との出会いはそういった自己意識・自己の内面性という閉じられた世界に亀裂を生じさせ，生き生きとした「モノ」の語りを我々に触れさせてくれるものとして体験される。創造という場において見てきた異者との出会いは，そういった近代的な意識のあり方に振動を与える1つの契機ともなるだろう。

[*4]　ただし，河合（2009）は主体性を目覚めさせた近代に対し，現代を主体性の喪失の時代として捉えている。現代においては人の主体性も失われ，ものが中心となってはいるが，ものに魂がある前近代の世界とも異なるものとしてその特異性について指摘している。

第5章　異者体験に迫る
非臨床群大学生・大学院生への調査から

1　異者は我々のそばにある

　これまで様々な事例をめぐって異者との出会いの体験について考察を深めてきた。1つ1つの出会いにおいて，その人が生きている世界が鮮やかに立ち現れていたことが分かる。異者との出会いはその人自身の姿もあらわにするものであるのだろう。

　しかし，そういった体験はどこか特殊で特別なものだと考えてはいないだろうか。本書の冒頭から述べているように，異者との出会いは他ならない我々自身に起こることである。これまでは境界線の外から眺めていた異者との出会いが，実は決して関係のないものでなく，我々自身がその境界域にいるのだということをここでは感じてもらいたい。

　そこで，本章では，異者との出会いの体験について，非臨床群である大学生を対象とした調査研究によって探索的に検討し，その体験の性質を明らかにしていくことを目的としたい。そこから，異者体験について広くデータを集め，分類・分析することで，異者との出会いの体験の見取り図を描

いていこう。その中で，「あ，これはわたしにもあるな」と興味を持ってもらえたら本望である。

2　誰にも体験しうる「異者」——質問紙による調査

異者体験を集める——調査の方法

「異者との出会い」を体験するとはどういうことか。その内実に迫る前に，まずは，異者体験が，広く誰にでも起こりうるものであることを示しておきたい。そのために，筆者は，大学生・大学院生を対象に，2009年10月から11月にかけて質問紙による調査を行い，117名（男性50名，女性67名，平均年齢21.74歳，標準偏差3.68）から有効回答を得た。調査協力者は，体験を言語化する能力，体験から適度な距離をとって報告することができるということを考慮し，非臨床群の大学生・大学院生に依頼した。質問紙は，異者体験についての自由記述と後述する異者体験尺度から構成された。質問紙の内容については表5-1に示した。

異者体験はその性質から，各人によって内容が大きく異なると考えられたため，こちらから特定の例を示して調査協力者の体験の想起を促すことは避け，「これまでにあなたは，突然日常とはふと違う世界が開けて，あの体験はなんだったんだろうと，今でも心に残り，思い続けているような体験をしたことはありますか？」という問いを立てた。それにより，調査協力者に湧き起こってくる反応を得ることで，異者体験についての内容の広がり・深まりを期待することができる。

その後，自由記述で回答した体験について，異者体験尺度の評定[*1]を求めた。異者体験尺度とは，異者体験について感じられた体験内容を調査

[*1]　回答方法は「当てはまる」「やや当てはまる」「どちらでもない」「あまり当てはまらない」「当てはまらない」の5件法を用いた。

表5-1　質問紙の内容

Ⅰ）これまでにあなたは，突然日常とはふと違う世界が開けて，あの体験はなんだったんだろうと，今でも心に残り思い続けているような体験をしたことはありますか？
⇒「ある」・「なし」の2件法

Ⅱ）「ある」と答えた人
① その体験はいつのことでしたか？
② それはどのような体験でしたか？　出来るだけ詳しく記入して下さい。
③ その体験をしたときどのように感じましたか？　そのときの感覚や感情について出来るだけ詳しく記入して下さい。

Ⅲ）Ⅱの体験が以下の質問にどのくらい当てはまるか○をつけて下さい。
⇒予備調査や文献より作成された異者体験尺度30項目に対して「当てはまる」「やや当てはまる」「どちらでもない」「あまり当てはまらない」「当てはまらない」の5件法

1　不気味に感じた
2　その体験を再びしたい
3　孤独を感じた
4　世界との繋がりを持った感じがした
5　自分の中で動き出すものを感じた
6　恐ろしい感じがした
7　生き生きと感じた
8　絶望した
9　特別な体験だと思った
10　そのときの感覚や感情を再び味わいたい
11　包まれている感じがした
12　みずみずしく感じた
13　自分が脅かされる
14　不思議さを感じた
15　安心感があった
16　世界がこれまでとは違うように見えた
17　畏怖の念を感じた
18　自分は無力だと感じた
19　嬉しさを感じた
20　ぎょっとした
21　新鮮に感じた
22　自分がちっぽけに感じた
23　現実なのか分からなくなった
24　ぞっとした
25　安らいだ
26　寂しさを感じた
27　その体験から逃れたい
28　何が起こっているのか分からなかった
29　違和感があった
30　惹きつけられた

Ⅳ）「ない」と答えた人
① 普段触れられないような日常とは異なる世界を体験しようとして何かすることはありますか？　ある方はどのようなことをしているのか詳しく記入して下さい。
② ①で回答した体験によって，どのような感覚や感情が得られますか？　できるだけ詳しく記入して下さい。

Ⅴ）質問紙の内容について，後日面接調査に参加してもよいという協力者を募った。

する尺度として，Freud（1919/2006）の『不気味なもの』，文化人類学や自我体験にまつわる文献と，筆者による予備調査*2によって収集した異者体験内容を参考に独自に作成した30項目からなる尺度である。異者体験は，恐怖や不気味さといったネガティブな部分と，豊饒性や生命感といったポジティブな部分の両義性を備えるものであると考えられたため，尺度の項目においてはどちらの側面も反映されるように選定を行った。異者体験尺度30項目は表5-1のⅢに示している。

　また，この調査では異者体験が「ない」と回答されたものについても「体験あり」と同様に，異者との関わりの持ち方の1つとして捉えている。「ない」と答える人に対しても切り捨てるのではなく，考察の対象とし，「普段触れられないような日常とは異なる世界を体験しようとして何かすることはありますか」という問いを提示した。これは異者体験はないと語る人にとって，"異"なるものとはどういうものなのかを明らかにすることを意図していた。個人が「体験はない」と語ることは，体験が存在するかしないかという次元に留まるだけではなく，語りようのない"異"との関わり方の1つであると捉えることができる。そうすることで異者体験についての別の一側面を描き出すことを目指した。

　回収された質問紙は129部，回収率は32％であった。うち有効回答とみなされた117部を分析対象とした。回答別人数を表5-2に示す。異者体験が「ある」と回答した人が54名（男性21名，女性33名，平均年齢22.93歳，標準偏差4.67），「ない」と回答した人が63名（男性29名，女性34名，平均年齢20.73歳，標準偏差2.12）であり，「ない」と答えた人の内「異なる世界を体験しようとして何かすることはありますか」という問いに対して，「体験を求めて何かする」という回答は40名，「何もしない」17名，「その他」

---

*2　質問紙調査に先立ち，質問紙の項目を作成するために予備調査として面接調査を行った。調査協力者は8名（男性3名，女性5名，平均年齢23.25歳，標準偏差1.51）であった。面接では「不気味だなと思ったり，不思議だなと思ったり，あの体験はなんだったんだろうと思うような体験はありますか」と問い，自由に語ってもらうという形をとった。時間は1人1時間程度であり，面接は筆者が行った。

表 5-2　質問紙の回答別人数

異者体験が「ある」		54人
異者体験が「ない」	体験を求めて何かをする	40人
	何もしない	17人
	その他	2人
	無回答	4人
合計		117人

2名,「無回答」4名であった。

異者体験の分析と類型化

　まず,異者体験が「ある」と答えた人たちについて検討してみよう。回答結果からその構造を明らかにするために,質問紙で設定した異者体験尺度を因子分析した結果,4つの因子が浮かびあがった[*3]。因子名と各項目については表5-3に示した。以下,各因子についての命名と内容について見ていく。

　第Ⅰ因子は,安らぎや世界との繋がりを持った感じ,包まれた感じという項目に高い負荷があり,「Ⅰ.世界との一体感」と命名した。世界との繋がりを感じ,安心感や喜びを感じているという因子である。しかし,「違和感があった」(逆転項目),「特別な体験だと思った」以外は,素点平均が中間の3.0を下回っており,体験について安らぎや包まれる感覚を確かに感じてはいるが,その程度は強いとはいえないと考えられる。

[*3]　異者体験尺度30項目に対して因子分析(最尤法,プロマックス回転)を行ったところ,固有値の変化と因子の解釈可能性を考慮すると4因子が妥当と考えられた。そこで4つの因子いずれにおいても解釈可能性が十分でない(因子負荷量が.35未満)3項目(「7 生き生きと感じた」「14 不思議さを感じた」「23 現実なのか分からなくなった」)を削除し,再度因子分析を行った27項目について,その因子負荷量,共通性及び素点平均(M)と標準偏差(SD)を表5-3に示している。また,信頼性検討のために因子ごとにCronbachのα係数を算出したところ,.845〜.895の高い値が得られ,内的整合性があると判断された。これも表5-3に示している。

表5-3 異者体験尺度についての因子分析と信頼性係数の結果,および下位尺度の素点平均と標準偏差

因子名	項目	因子 I	因子 II	因子 III	因子 IV	共通性	M (SD)
世界との一体感 (α=.887)	25 安らいだ	.971	.039	-.049	-.074	.892	2.43 (1.35)
	15 安心感があった	.807	-.129	-.134	-.095	.799	2.52 (1.51)
	4 世界との繋がりを持った感じがした	.776	.033	-.033	.026	.581	2.44 (1.31)
	11 包まれている感じがした	.726	.010	.080	.146	.632	2.93 (1.58)
	19 嬉しさを感じた	.610	.177	-.116	.295	.575	2.35 (1.26)
	29 違和感があった	-.506	.318	-.192	.244	.409	3.43 (1.42)
	9 特別な体験だと思った	.399	.021	.031	.196	.321	4.01 (0.98)
恐怖 (α=.895)	6 恐ろしい感じがした	-.021	.976	-.064	.008	.945	3.06 (1.57)
	1 不気味に感じた	.045	.951	-.101	-.061	.797	3.37 (1.58)
	24 ぞっとした	.022	.891	.081	-.057	.815	2.93 (1.67)
	20 ぎょっとした	-.158	.769	-.110	.124	.552	3.02 (1.56)
	27 その体験から逃れたい	-.030	.466	.274	-.270	.676	2.31 (1.28)
	28 何が起こっているのか分からなかった	.188	.380	.151	.041	.224	3.35 (1.31)
畏縮・孤絶感 (α=.882)	18 自分は無力だと感じた	-.152	-.071	.916	.083	.855	3.06 (1.51)
	22 自分がちっぽけに感じた	-.017	-.286	.786	.171	.510	3.19 (1.76)
	26 寂しさを感じた	.045	.041	.751	-.085	.746	2.91 (1.51)
	3 孤独を感じた	-.020	-.052	.706	-.134	.579	2.94 (1.48)
	8 絶望した	.037	.182	.691	-.185	.763	2.55 (1.51)
	17 畏怖の念を感じた	.141	.133	.591	.277	.555	3.22 (1.44)
	13 自分が脅かされる	-.100	.328	.480	.105	.723	2.63 (1.54)
生命感・希求 (α=.845)	2 その体験を再びしたい	-.113	-.004	-.100	.948	.825	3.37 (1.56)
	10 そのときの感覚や感情を再び味わいたい	-.027	-.188	-.091	.799	.869	3.04 (1.49)
	21 新鮮に感じた	-.019	.055	.067	.658	.288	3.89 (1.43)
	30 惹きつけられた	.328	-.081	.090	.543	.705	3.24 (1.45)
	12 みずみずしく感じた	.301	.057	.022	.527	.473	2.51 (1.41)
	16 世界がこれまでとは違うように見えた	-.041	.157	.321	.481	.301	4.08 (0.88)
	5 自分の中で動き出すものを感じた	.187	.037	.280	.379	.242	3.00 (1.30)

因子間相関	I	II	III	IV
I	—	-.551	-.187	.557
II		—	.521	-.427
III			—	-.243

異者体験尺度について因子分析を行った結果,4つの因子が妥当と考えられた。第Ⅰ因子に高い因子負荷量を持つ項目(.350以上)は,「25 安らいだ」「15 安心感があった」「4 世界とのつながりを持った感じがした」「11 包まれている感じがした」「19 嬉しさを感じた」「29 違和感があった(逆転項目)」「9 特別な体験だと思った」の7つであった。これらは世界とのつながりや,安らぎ,守られているような一体感といったことを示す項目だと解釈されたため「世界との一体感」と名付けた。以下,第Ⅱ因子,第Ⅲ因子,第Ⅳ因子に因子負荷量の高い項目について,内容の解釈から「恐怖」「畏縮・孤絶感」「生命感・希求」と命名した。

第Ⅱ因子は恐ろしさや不気味さ，その体験から逃れたいという項目に高く負荷しており，「Ⅱ．恐怖」と命名した。「ぞっとした」「その体験から逃れたい」の項目以外，素点平均が3.0以上であり，報告された体験においては恐怖感が強く感じられていたと考えられる。

第Ⅲ因子は，自分の無力さやちっぽけさを感じ，寂しさや孤独，畏怖の念などを感じているなどの項目に負荷が高く「Ⅲ．畏縮・孤絶感」と命名した。自分の小ささや無力さを感じること，自分よりも大きな存在に対する畏れの念などから「畏縮」という名称が適切であろうと考えられた。また，孤独感や寂しさ，絶望などの項目から世界からの隔絶感を示すものとして孤絶という言葉を用いた。「畏縮・孤絶感」も「恐怖」も体験としてはネガティブな印象を与えるように思われる。しかし，「畏縮・孤絶感」には「恐怖」の因子にはない"超越的"な存在を想定できる。「畏怖の念」とは自分よりも大きな存在に対して畏れを抱くことであり，「無力感」「自分をちっぽけだと思う」というものも，自分を超越する力を感じて自らを省みているものであると考えられる。素点平均を見ると，「自分は無力だと感じた」「自分がちっぽけに感じた」「畏怖の念を感じた」の3項目が，3.0以上であり，それ以外の項目は3.0に満たなかった。よって，畏縮の感覚は強いが，それに伴って孤絶の感覚も同様に感じられているとはいえないと考えられる。

第Ⅳ因子は，体験を再びしたいという項目や体験についてみずみずしさ，新鮮さを感じている項目に負荷が高く「Ⅳ．生命感・希求」と命名した。素点平均を見ると「みずみずしく感じた」以外，すべて3.0を上回っており，今回の調査において報告された体験は再び味わいたい，惹きつけられるというような体験であり，新鮮さを感じさせる体験だったという感覚が強かったと考えられる。これは異者の体験が生命感を持ち，人々を賦活させる力を持つということの1つの表れであると考えられる。

これまでの結果から，「体験あり」とした人たちの異者体験についてまとめていく。因子分析においては「Ⅰ．世界との一体感」「Ⅱ．恐怖」「Ⅲ．畏縮・孤絶感」「Ⅳ．生命感・希求」という4つの因子が抽出された[*4]。

これまで本書で触れてきたように，異者がただ体験者に対して脅かすだけの存在ではなく，「包まれる」「安らぐ」などの温もりを感じさせ，「再び触れてみたい」「惹かれる」など人に希求させるような部分も持つということが示された。

次に，体験の類型化を行うため，調査協力者の得点パターンをもとにしてWard法によるクラスタ分析を行い，4つのクラスタを得た。第1クラスタは15名，第2クラスタは25名，第3クラスタは8名，第4クラスタは6名であった。各人の得点パターンの類似性がわかるデンドログラムは図5-1に示した。

得られた4つのクラスタについて，クラスタごとの特徴を調べるために各尺度得点に統計的に有意な差があるか検定を行った。その結果，クラスタごとに各得点「世界との一体感得点」「恐怖得点」「畏縮・孤絶得点」「生命感・希求得点」の高さに有意な差があることが分かった[*5]。その関係については表5-4，及び図5-2に示している[*6]。

以下，それぞれのクラスタについて得点パターンが顕著であり，その特

[*4] 因子分析の結果に基づき，各因子における下位尺度得点の合計を算出し，それぞれ「世界との一体感得点」「恐怖得点」「畏縮・孤絶得点」「生命感・希求得点」とした。各点数の平均及び標準偏差は表5-4に示している。

[*5] 4つのクラスタを独立変数，各尺度得点を従属変数とした1要因4水準の分散分析を行った（表5-4）。その結果，「世界との一体感得点」「恐怖得点」「畏縮・孤絶得点」「生命感・希求得点」いずれに対しても，クラスタの主効果が見られた（「世界との一体感得点」は $F(3, 50) = 32.38$，「恐怖得点」は $F(3, 50) = 29.17$，「畏縮・孤絶得点」は $F(3, 50) = 36.77$，「生命感・希求得点」は $F(3, 50) = 34.24$，いずれも $p < .001$）。

[*6] TukeyのHSD法による多重比較を行ったところ，「世界との一体感得点」については第1クラスタ＝第4クラスタ＜第2クラスタ＝第3クラスタ，「恐怖得点」については第2クラスタ＝第4クラスタ＜第1クラスタ＝第3クラスタ，「畏縮・孤絶得点」については第2クラスタ＝第4クラスタ＜第1クラスタ＝第3クラスタ，「生命感・希求得点」については第1クラスタ＝第4クラスタ＜第2クラスタ＝第3クラスタという結果が得られた。クラスタ別平均得点，標準偏差及び F 値と多重比較の結果を表5-4に，各クラスタプロフィールを図5-2に示した。

第5章 異者体験に迫る　145

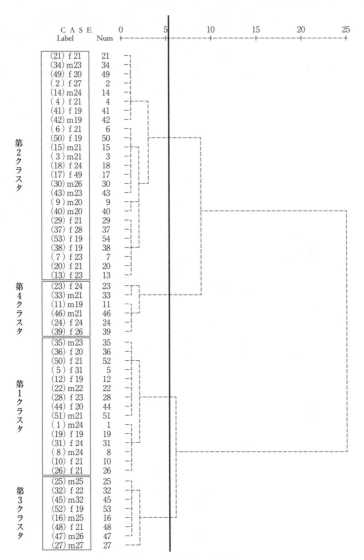

図5-1　デンドログラム

調査協力者を質問紙の得点パターンの類似性によって分類すると上のような樹形図になる。Labelにある情報は，左から調査協力者番号，性別（「m」は男性，「f」は女性），年齢を意味している。Numは調査協力者番号である。上下の距離が近いほど，その協力者同士の得点パターンが類似していることを示している。実線部分で分割すると4つのクラスタができる。各クラスタの得点パターンの特徴については図5-2を参照。

表5-4 クラスタ別平均得点,標準偏差および下位検定の結果

		全体	第1クラスタ	第2クラスタ	第3クラスタ	第4クラスタ	F値(上段)
	人数	(54)	(15)	(25)	(8)	(6)	多重比較結果(下段)
一体感	M	20.20	14.67	24.64	21.88	13.33	$F(3,50)=32.38^*$
	SD	5.99	2.47	4.08	4.22	2.73	①=④<②=③
恐怖	M	18.03	25.27	12.40	23.38	16.33	$F(3,50)=29.17^*$
	SD	7.35	3.56	4.09	4.89	7.69	②=④<①=③
畏縮・孤絶	M	20.09	28.27	15.40	26.50	10.67	$F(3,50)=36.77^*$
	SD	8.13	4.56	4.57	5.18	4.76	②=④<①=③
生命感・希求	M	22.41	16.27	26.40	28.00	13.67	$F(3,50)=34.24^*$
	SD	6.85	2.84	4.56	4.59	3.32	①=④<②=③

$^*p<.001$
○数字はクラスタを指す

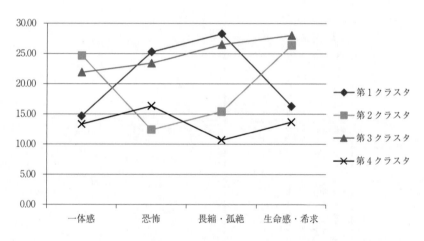

図5-2 各クラスタプロフィール

表5-4を視覚化したものである。それぞれのクラスタの得点パターンがはっきりと示されている。第1クラスタは「恐怖」「畏縮・孤絶」の得点が高い山型のグラフ,第2クラスタは「世界との一体感」「生命感・希求」得点が高い谷型のグラフ,第3クラスタは得点すべてが高い値でおおよそ一定になっているグラフ,第4クラスタはその逆で得点すべてが低い値でまとまっているグラフになっている。

徴をよく表している人の体験例を取り上げながら，4つのクラスタ別にどのような特徴があるのかまとめてみよう。

恐れと畏れを感じている群（第1クラスタ：15名，全体の27.78％）
　このクラスタは，安心感を得たり，世界との繋がりをもつというような項目からなる「世界との一体感得点」や，体験を再びしたい，新鮮で惹きつけられるという項目からなる「生命感・希求得点」が低い一方，恐ろしさや不気味さを感じる項目からなる「恐怖得点」，自分の無力さや孤独感の項目からなる「畏縮・孤絶得点」が高いという特徴があった。図5-2のプロフィールを見てみると，中2つの得点が高く，両側が低いという「山型」の形をなしている。このクラスタの異者体験は恐怖や無力感，脅かされる感覚をもたらすものであり，体験者にとってネガティブな体験であると考えられる。第1クラスタの得点パターンが明確であり，その特徴をよく表している人の体験例を以下に示す。

【体験例①（20歳女性）】
　小学校3，4年のころ。鏡の中の自分を見ているうちに，本物の自分とは違うものが鏡の中にいて，自分のまねをしてだましているような気がした。自分が本当の自分を知らずに生きているような気がして恐ろしかった。自分がどういうものか分からなくなった。

　体験例①では，鏡の中の自己像が突然他者として感じられた恐怖や，それとともに自分がどういうものか分からなくなるという自己観が大きく覆されるような体験となっている（本章第3節で詳述）。

世界とのつながりと生き生きした感覚を感じている群（第2クラスタ：25名，全体の46.30％）
　今回の調査協力者においてはこのクラスタに属する人が最も多かった。「世界との一体感得点」「生命感・希求得点」が高く，「恐怖得点」「畏縮・

孤絶得点」が低いクラスタであった。プロフィールを見てみると，中2つの得点が低く，両側が高い「谷型」の形になっていることが分かる。このクラスタの異者体験は，世界とのつながりを持つ感覚や生き生きとした感覚をもたらす体験であり，体験者にとってポジティブな体験であると考えられる。

【体験例②（19歳男性）】
中学，高校の間。それまではあまり気にとめてなかった花や木，空などが今までくすんで見えていたかのように，澄んで明るいものに見えた。こころが晴れた，洗われた感じで，気分がすっきりし，同時にキレイだと感動した。少し泣きそうになった。

　体験例②においては，普段から見ていたはずの自然に対して涙を流すほど感動したことが述べられており，世界との関わりやその中で体験した自然の美しさのポジティブな部分が全面に押し出されたものとして語られている。

ポジティブ・ネガティブ両極の感覚を感じている群（第3クラスタ：8名，全体の14.81％）
　これは4つの因子すべての得点が高く，プロフィールではすべてが高い位置で一直線型として表されている。ポジティブな感覚とネガティブな感覚の両方を体験していると考えられるクラスタである。

【体験例③（22歳女性）】
　4，5歳くらい。夜，車で帰宅した際に眠くて父親におぶって家へと連れて行ってもらったときに，薄目を開けて月を見上げていると，不思議と全身の感覚が抜けて無重力状態のようになり，外界と自分の境界がフッとなくなるような気がした。気持ちいい感覚とともに，「わたしは誰だろう，そもそも"わたし"っていう感覚は何なのだろう」と考えた覚えがある。

体験例③においては、「外界と自分の境界がフッとなくなる」体験が、「気持ちいい感覚」というポジティブな体験とともに、「"わたし"という感覚は何なのだろう」という自己意識を揺るがす感覚も同時にもたらしている。これはそもそも異者体験が持ち合わせているポジティブ・ネガティブ両極の性質をどちらも受け取っている複雑な体験と考えられる。

すべての得点が低い群（第4クラスタ：6名，全体の11.11％）
　4つすべての得点が低いクラスタであり，プロフィールでは低い位置で直線型になっている。すべての尺度得点が低いということは，今回の質問紙の項目に「当てはまる」と評定できる項目がなかった，あるいは，協力者が体験を評定できるほどに分節化できていない，あるいは体験が受け入れがたいものであると感じている，などという可能性が考えられる。

　【体験例④（24歳女性）】
　2，3年前，料理をしようとナスを手に持っていたら，突然そのナスが気持ち悪いものに感じられ，ぎょっとしてナスを取り落としてしまった。ぞっとするものを触ってしまったような感覚だった。

　体験例④は，「ぎょっとした」「ぞっとした」というような感覚的な言葉が特徴的であり，言語化困難な体験であることがうかがえる。この質問紙からだけでは理由を特定することはできないが，今回の調査では明確にできない異者体験も存在することが示唆された。

「今」において再構成される異者体験の語り
　クラスタ分析においては，異者体験の類型として，恐れと畏れの感覚が強い第1クラスタ，世界とのつながりと生き生きした感覚を感じている第2クラスタ，ポジティブ・ネガティブの両極を感じている第3クラスタ，すべての得点が低い第4クラスタの4つが得られた。異者体験は恐ろしく不気味なネガティブな部分と，豊饒性や生命感に富んだポジティブな部分

の双方の要素を有していると考えられる。しかし，第1クラスタ・第2クラスタの特徴が示すように，1つの側面しか反映されていないような体験群も得られている。この点は，異者体験が主観的な体験であるところに起因していると考えられよう。この質問紙調査で得られた体験は，そのときの生の体験ではない。その人が体験したことを主観的に「語りなおす」という形でしか抽出できないものである。つまり，異者体験の性質のうちどの部分が語られるかということは，それそのものを体験したということではなく，語り出す側の「今」の意味づけとして表れていると考えられるのだ。振り返る形で事後的にしか体験を語ることができず，その時の体験は今その人にしか語れないものとしてしか現れてこない。これは第3章で取り上げたように筆者が面接室の中でトウコさんの体験の語りを聞いている間は気づかないでいるが，後になってそれがトウコさんにとっての異界の体験だったのだと理解されるという構造と同じだといえるだろう。そこからも分かるように，過ぎ去ってしまったからそれは異者体験でなくなるわけではなく，語り出すその瞬間から再び異者体験がよみがえってくるような性質を持っている。だからこそ，異者体験とは，語り出されるそのやり方に体験者の個別性が反映されるものであり，そこから切り離して異者を語ることはできないということが示されている。第2章のマミさんの身体をめぐる語りそのものにマミさん自身の異者との関わり方，世界との関わり方が現れており，それがマミさんを理解していく上で大きな役割を果たしていたということからも分かるだろう。

体験が「ない」との回答を分類してみる

続いて，異者体験が「ない」とされたものについて分類を行った。「ない」と回答した人のうち，ここで注目するのは「異なる世界を求めて何かをする」と回答した40名（「ない」と回答した人のうちの63.5％）である。筆者を含めた3名（臨床心理学を専攻する大学院生）でその40名の「体験によって得られる感覚・感情」についての自由記述を分類した。分類名と人数，

表 5-5　異なる世界を体験しようとして得られる感覚・感情とその体験内容

分類名	体験によって得られる感覚・感情	体験内容の例
1．日常からの解放（9名） 日常生活を忘れたり，離れたりして，解放感を体験できるという回答	日常の生活から切り離され心が解放される／日常のストレスから解放される 日常のことを考えずにいられるので心が落ち着く 現実から離れてリフレッシュできる／普段の生活を忘れられる 普段の自分から抜け出したイメージをふくらませて気持ちがいい	読書をする／小説や漫画など現実世界と離れた世界観に触れようとする／近代の外国文学を読む。貴族の話が多いので，日常と全然違う世界 森や林のような自然の多いところへ行き，何も考えず散歩する 音楽を聴く／空想する
2．爽快感（9名） すっきりした感じ，爽快感を得られるという回答	すがすがしい気持ちになれる／すっきりする感じ 心が洗われる／体の芯が澄んでいくような感じ 世界が開けたかのような爽快感	自分の身を極限状態に置く／自分の限界を少し超えてみようと試みる 芸術作品や，現代美術に触れる／知らない山道へ入っていく 読書をして本の世界に浸る／何も考えずにぼーっとする
3．豊かな感情体験（7名） 日常に体験し難い感情を豊かに体験するという回答	日常生活よりも激しい感情の起伏がある／好奇心の満足 達成感と凛とした気持ち／興奮し，迫力を生で感じることができる 冒険のようでワクワクできる	旅行／行ったことのない場所へ行ってみる 走れるだけ走ったりしたことがある／ライブに行く
4．新たな発見（7名） これまで気付かなかったことに気付く，新たな価値観を得るという回答	新たな発見があったり，自分の物事の捉え方や考え方を考え直す機会になる 生まれ変わった感じ。「見る」感覚が変わる／自然の美しさや自分の小ささを感じる 自分の日常を形作る基礎となっていた秩序，前提が覆されうるものであると感じる	小説を読んだり，映画ドラマに浸る行ったことのない国へ行って違う文化に触れる／山へ行って天体観測 海外旅行。より異国情緒が感じられそうな国（インド・発展途上国）
5．非日常の世界の体験（6名） 現実とは異なる世界にいる感覚を体験できるという回答	現実にはあり得ない世界に自分が存在しているような気がする 非日常的な世界に身を置ける 日常では不可能なことが体験できて面白い	夢を見たり，見た夢について考える 映画を見る ディズニーランドや USJ に行く／旅行へ行く
6．変化なし（2名） 変化がないという回答	何も得られなかった。 初めは緊張するがすぐ慣れて普通になる	普段行かないようなところへ行ったり，普段しないような事をする 旅行にいく

その時に得られる感覚とその体験内容については表5-5に示した。「体験の内容」ではなく，「体験によって得られる感覚・感情」を分類したのは，異者体験にどのようなことを求めて行うのかという本質的な部分が明確になると考えられたためである。

体験内容を見てみると読書，旅行などを試みる人が多いことが分かる。その体験によって得られる感覚・感情は「1．日常からの解放」「2．爽快感」「3．豊かな感情体験」「4．新たな発見」「5．非日常の世界の体験」「6．変化なし」の大きく6つに分けられたが，「変化なし」とする分類以外は，1つの分類につき6名～9名と大きく偏ることなく分布している。

分類の内容について見てみると，「1．日常からの解放」「5．非日常の世界の体験」といった日常を抜け出して，別世界へと身を置く体験をしていることが分かる。「1．日常からの解放」は，日常の生活やストレスから解放される，現実から離れてリフレッシュできるといった感覚が述べられており，特に日常や普段の生活から「抜け出す」「離れる」といった感覚が強く感じられる。波平はハレとケについて論じる中で，どのような社会でも，多少の差はあれ，「日常性」と「非日常性」を区別する方法を持っていると指摘するが（波平，1989），この結果から，個人のレベルにおいても"異"なる世界を求めることには，大掛かりではなくとも日常性と非日常性を分かつという側面があることが推測される。特に「2．爽快感」の分類からは，「すがすがしい気持ちになれる」「体の芯が澄んでいくような感じ」という記述も見られ，非日常を体験することで活力が再生されるような感覚が得られているようにも思われる。

「3．豊かな感情体験」「4．新たな発見」といった分類からは，普段体験できない感情や新たな価値観に触れる体験がなされていることがうかがえ，ここでは異者との出会いがもたらす豊饒性の部分を体験していると考えられる。

「異なる世界を体験しようと求めてすること」においてはどのようなことが得られるのだろうか。ここで後日面接調査に応じてくれた協力者のインタビューを取り上げてみよう。この問いに「①小説を読む」と回答した

Aさん（19歳，女性）である。

　Aさんは日常と違う世界を体験できるということを考えたときに，パッと思い浮かんだのが小説を読むことだったという。それは「自分が生きてるのとは全然違う時代とか設定とかを本で読めるわけじゃないですか，それでその世界に入り込める」体験であるという。そして，小説を読むことで「日常で悩んでることとかストレスとかがあっても（中略）忘れてしまってすっきりする感じがある」「いつもの悩みみたいなものから解放される感じ」と語る。Aさんにとって読書で日常とは異なる世界を体験するということは，日常の悩みや嫌なことを忘れて解放されるということなのであろう。それは「全部すっぱり忘れられる」「いつも背負っているものをどっかにこう，預けておいておけるみたいなところがあるんだと思うんですけど」というような語りからもうかがえる。しかし，この読書への没頭という行為は，日常の制約から「抜け出す」という形であるともいえる。Aさんは日常世界から「抜ける」という形で"異"なる世界を求めているともいえよう。赤坂によると，近世に周期的に繰り返された伊勢神宮の参詣運動「おかげまいり」は「ぬけまいり（抜け参り）」と称されたという（赤坂，1992）。これは身分制度に束縛された人々が，あらゆる縁から抜けて参るためであったからだという。この「抜け」によって，人々には日常生活からの解放がもたらされ，次元の異なる時空が開けるという。Aさんの能動的な「抜け」の形である限り，Aさんの体験する"異"なる世界はすっきりした感じがあり，日々のしがらみを取り払った日常とは異なる時空の体験なのであろう。

　また，Aさんは「怖い話とか嫌な話とか，うーん，どっかでやっぱり本の話なので嘘って分かっている」と語り，本の内容に対して「どっかで距離はあると思う」「離れようと思えば離れればいい」という。本の世界に入り込みはするが，そこに対してやはり一定の距離はあり，コントロールが可能なものとして感じられている。しかし，これは同時にその世界に飲み込まれる恐ろしさに対するAさんの防衛であるともいえよう。本来，"異"なるものとは得体のしれないものであり，我々がコントロールできないと

ころで体験してしまうものである。これまで事例を通して見てきた異者の体験とは，境界のあちら側が主導権を持ち，こちらが意図して関わったり，どのようなものか想定されうるようなものではなかった。突如訪れる異者から，喜びや安心感を得たり，あるいはまったく逆に恐れや自分の存在を脅かされるような体験をしたりしている。これはこちら側の主体・能動性を完全に明け渡しているような状態であるともいえよう。しかし，異者体験が「ない」と語ったAさんにとっては，「小説の世界」は「離れようと思えば離れればいい」というほどに距離を取っておかなければいけない恐ろしさを秘めたものであり，身を預けることは難しいのであろう。しかし一方で，その「小説の世界」もコントロールの範囲内であれば，Aさんもそこに触れようとし，そこから解放感やすっきりする感じを享受しようとする世界でもあった。山口昌男は"混沌は，好ましからぬ要素で生活の秩序の中に入ってきてもらいたくはないが，時と場を限定して意識，話題に上ることがひそかに望まれる要素"(山口，2000, p. 79)と述べる。Aさんの語る"異"なる世界を求めて行った体験というのは，Aさんのコントロールの範囲で喜びや明日への活力を得られるようなものだといえよう。

異者を求めるということ

　本来，異者というのはこちら側のコントロールを超え，把握しがたいものとして立ち現れるものと考えられる。今回得られたAさんの語りや「異なる世界を求めて行う」ことの分類結果から，ここでの体験は能動的に関わることができるようなものやコントロールが可能な範囲のものであり，そしてそれは異者の持つ，飲み込まれるような恐ろしさに対する1つの防衛として考えられた。山は心理療法と異界について述べた論文の中で，心理療法の事例を挙げながら"「異界」を実在する異国の中に求めたり，流行しているゲーム類や映画，オカルトを扱った話などの中の「異界」を仮想現実的に体験したのでは，真に「異界」を体験したとは言えない"(山, 2000, p. 27)と述べている。今回，体験が「ない」という人たちから得ら

れた各種の試みの結果は，山の指摘する意味では異者体験ではないといえるかもしれない。

　しかし，たとえそれらが仮想現実的な異界の体験であったとしても，なぜ人々は異界や"異"なるものを求めるのだろうか。人々がなぜ異界を求め，それに魅了されるのかという問いから文学・映像作品などの表象文化を研究する浅見克彦は，その理由について"「いま／ここ」の生の世界をチャラにするかのような一種の解消の予感に飢えている"（浅見，2012, p. 272）からであると表現する。そして，能における異界の表象を読みとく安田登の言葉を借りて，そこには"新たな自己の可能性"（安田，2011, p. 53）が潜むのであるという。これはAさんの語る「解放される感じ」や「全部すっぽり忘れられる」というような言葉に通じてくる。異界の体験とは，その先に何かしらの変革の予感を感じさせるものなのかもしれない。

　また，心理療法における異界について論じている串崎は，この問題についてまた少し異なる視点で述べている。串崎は外界に適応していくのがつらくなったとき，内界を守ると同時に外界とのつなぎ目の役割を果たすためのものとして想像力を挙げている（串崎，2000）。そして異界は想像力の活躍する場であるとし，"内界と外界のバランスが崩れる時そこに異界の力が発揮される"（前掲書, p. 47）という。ここでは内界と外界のバランスをとるものとして異界の力＝想像力が発揮されるというように述べられている。つまり，日常からひととき抜け出すことで自分の内界を守り，リフレッシュさせるというはたらきの中で，内界と外界の狭間に"異"なるものが現れ出てくるということである。そして内界と外界のつなぎ目として異界の力が必要とされるということであろう。今回の調査で得られたように，「異なる世界」を求める行為を行うことで，想像力が発揮され，何らかの活力を得て，そして再び外界の世界へと帰っていくというようなはたらきがあると考えられる。そのようなはたらきの中で実際に山（2000）のいうような"異"なるものに触れられないとしても，あちらとこちらをつなぐものとしての彼らなりの"異"なるものが浮き上がってくるように思われる。たとえそれが現実や日常から「抜ける」といった行為であっても，

そこに「癒し」をもたらす想像力の源泉を感じて，「異なる世界」を求めているのではないだろうか。

　もう1つ"異"なる世界を体験したことが「ない」人にとっての異者を考える際に示唆的であると思われるのが菱木政晴の言葉である。菱木は，現代における宗教のあり方を考える中で，"人は超越的なものや普通の理性では把握できないものともかかわりを持たざるを得ない"（菱木，2008, p. 1103）と述べ，その上で"「話題」として関わることができる超越的なものはもはや超越的に君臨して凡人を寄せ付けないものではなく，誰にでも開かれた超越的でない「超越」である"（前掲書, p. 1103）と述べる。ここでの「超越的なもの」は異者と置き換えることができよう。異者でない異者とは一見矛盾する言い回しであるが，"異"なる世界を体験したことがない人にとっても語ることのできる「異なる世界」とは異者でない異者であると考えられる。「話題」として関わることができるような開かれた異者は，こちら側の能動性とコントロールによって体験できるものである。しかし，そこに浮かび上がるのは，たとえ本当の異者が何なのか知らなくても，自分からそこに触れてみようと思わせるような主体を惹きつける力を持っている異者の姿である。異者は，それが何とは知らなくても，それに関わろうとする余地が我々には初めから準備されているのかもしれない。

　一方で，異なる世界を体験しようと試みた人たちの中で，2名ではあったが「何も得られなかった」とする回答もあった。ここに示されている，得ようとしても得られなかったもの，あるいはそれを求めるために行った「異なる世界の体験」とは一体何であろうか。

　異者体験が「ある」とした人と「ない」とした人との大きな違いは，圧倒的な恐怖や畏縮・孤絶感が見られるかどうかである[7]。これは，"異"なる世界を「求めて」行動することという能動的な行為について聞いているため，「ない」と答えた人に恐怖や畏縮の感覚が見られないのは当然の

---

[7] 体験が「ない」人に対しては自由記述のみの聴取であったため，畏縮感や孤絶感が意識に上るものとして表出できなかった可能性について留保する必要はあるだろう。

結果であるが，ここで求められているのは概念としての「異者」であり，それが体験レベルのものではないということを示しているのではないだろうか。異者とは，本書でずっと述べてきたように，予期せず訪れるものである。その性質ゆえに，我々の期待するもの，予想できるものを超える体験をもたらす。それは臨床事例からも読み取れただろう。桑原 (2003) は「自分」と「自分を越える」ことについて研究する際に，この間に，「同一性」と「他者性」が共存するということを見逃してはならないということを指摘している。ここで分類された体験とは，自らが能動的に行ったことである限りは，自らとの「同一性」を超えるものではなく，「他者性」を持った体験ではない。異者体験とは未知のものであり，そこには恐怖や畏れとともに豊饒性や新たな世界が開けるという体験がもたらされる可能性があるが，それは体験する者の了解できる範囲を超えていることやコントロールできないことが前提にある。そこに体験の質の違いを見ることができる。

3　異者体験の語りを聞く──面接調査

　前節での調査において，異者体験について質問紙によって探索的に調査することで，大まかに体験の構造を明らかにしてきた。ここからの調査では，人は異者との出会いの体験をどのように捉え，どのように関わりを持つのか明らかにするために，面接調査を行い，事例的に検討することを目的とした。

面接の方法

　前節での調査の後（2009年11月末），異者体験が「ある」と答えた人のうち，クラスタ分析の結果から各クラスタより2名ずつを選出して面接調査を行った。ただし，第4クラスタの低得点群においては調査協力の意思を示した人が1名だったため，この群のみ1名の面接となった。選出基準は，

面接調査への協力の意思があったものの中で，各クラスタにおける尺度得点の上位者とした[*8]。選出された調査協力者は以下に示した7名（男性2名，女性5名，平均年齢21.43歳，標準偏差1.04）であった。調査協力者の年齢・性別・所属クラスタ・体験内容のまとめを表5-6に示した。

　面接は調査協力者1人につき1回，50分〜1時間の個別面接を行った。すべての面接は筆者が行い，調査協力者の了承を得て，面接はICレコーダーに録音した[*9]。インタビューは，質問紙に記入してもらった回答について思い出すことや連想など調査協力者の語る内容に沿って行い，調査者は協力者の語りに応じ，(1)具体的な体験内容，(2)その体験に伴う感覚や感情，(3)その体験による世界の見え方，感じ方の変化についての質問と，内容に関して適宜質問をした。その際，調査協力者の語りの流れを妨げないように注意を払った。

　調査協力者の体験内容は，表5-6の通りであった。ここでは，前述の調査で分類された第1クラスタと第2クラスタから，クラスタ内での得点パターンが最も顕著なものを1つずつ取り上げる。この2事例（Bさん・Cさん）を取り上げたのは，体験についての言語化が十分になされ，さらに，体験者が異者体験した際の感情や感覚が豊かに語られており，異者との出会いの体験の質や関わりという点で十分に検討できると判断されたためである。

[*8]　例えば，第1クラスタ：ネガティブ体験群は「恐怖得点」「畏縮・孤絶得点」の合計と「世界との一体感得点」「生命感・希求得点」の合計との差が大きいものを上位とし，第3クラスタ：複雑体験群は4つの尺度得点の合計点が大きいものを上位とした。

[*9]　今回の調査で扱う異者体験は，個人的な体験であり，人によっては大きな体験であることも予想されたため，面接調査などでは調査協力者への配慮は必要であると考えられた。面接にあたり①質問への拒否，②いつでも調査を中止できること，③論文の掲載内容により個人が特定されることはないこと，④録音を拒否できること，⑤必要のある方は面接後のフォローアップを行うことなどを明記した承諾書を提示して，同意を得た上で調査を行った。

表5-6　面接調査を行った対象者と体験の内容

年齢・性別	クラスタ	体験の時期	体験の内容
20歳・女性 (事例2・Cさん)	①	小学校3, 4年のころ	鏡の中に別の世界の存在を感じ、鏡に映る自分が自分ではないと恐ろしく感じた体験。
19歳・女性	①	大学に入学してすぐ	人間より大きな存在が地球を見下ろしていて、人間の未来はすべて決まってしまっているように感じた体験。
19歳・女性 (事例1・Bさん)	②	小学校5, 6年のころ	ただの道のはずが遠くまでうねりながら見え、別世界のもののように感じた体験。
19歳・男性	②	中学から高校にかけて	それまで気に留めていなかった木や花や空などが突然、澄んで明るいものに見えた体験。
25歳・男性	③	今年の夏	本を読んでいて、天才と狂気のどちらかにつながる道のビジョンが浮かんできた体験。
24歳・女性	③	4, 5歳のころ	父親に背負われ、月を見つめていたら浮遊感を感じ、自分の境界がなくなってしまうような感覚を得た体験。
24歳・女性	④	昨年の冬	ナスが突然,何なのか分からなくなった体験。

異者体験の語り

　それでは、2人の語りを取り上げ、主に異者との出会いの体験とはどのような体験であり、その体験とどのような関係を持ったのかという点から検討していこう。

【事例1　Bさん　19歳・女性（第2クラスタ・得点1位）】
　質問紙に記入した体験内容は、「小学5年か6年生のときに行ったキャンプ場で、夜に友達とトイレに行った帰り、いきなり森の中の小道が上下に起伏した状態でずーっと遠くまで続いているように見え、道の横に光が等間隔に続いており、道自体も光って見えた。しかし、そのあとはその状態が見えなくなり、そのような場所も見つからなかった。」というものであった。以下、Bさんの実際の語りを取り上げ、その特徴について見ていく。(地の文は調査協力者の語り、〈　〉は筆者の言葉、（　）は筆者による補足である。以下も同様。)

そのとき行きたいなとは思ったんですけど，行かなかった……行かなくてやっぱ戻ろうみたいな感じを思ったような気がします。〈やっぱ戻ろう？〉うーん，なんかまだいいやみたいな風に思ったというか。まあテントに戻ろうと。〈なんか行きたいなという気持ちも〉そうですね，なんか心惹かれる感じというか。(中略) あの時は違う世界を垣間見たというか，それだったら面白いんですけど……その体験をして今生きてる世界とちょっと違う世界があるかもしれないなーと思いましたね。信じてるとかじゃないんですけど，あったら面白いなとか，あるんだろうなと思っているところもあります。(中略) あの世とかではないけれど，もっと見えていないだけで，人間には分からないけどそういう世界はあるかなーっていうのは思ってました。かぶっているというか，ぺらっとめくったらそこにあるという。

　この体験は，何気なく見た道が文字通り違う世界を「垣間見る」体験となったというようなものであり，普通の世界の中に，Bさんの意図を超えて突如として現れ出てきた"異"なる世界だということが感じ取れる。またBさんは，その道に行きかけた気持ちを「やっぱ戻ろう」と再びこちら側の世界に戻すような体験を語る。"異"なる世界は，行かないことで分からないままに残され，逆に本当に行ってしまうことで失われてしまうというような蜃気楼を思い起こさせる。実際には触れえないが，突如として現れ，そこに"在り"続けることで，我々の想像力を刺激し，我々を惹きつけてやまないものとなるのであろう。そして，Bさんはぺらっとめくったらそこにあるというような世界を「あってほしい別の世界」として，現実世界との対比を次のように語る。

　(この世界を) 分子とか物理とか全部小さい粒で説明するじゃないですか。それを考えたときに，結局世界は分解できるんだみたいな。分子であることを考えるのは嫌な感じで怖いんですけど。(中略) 分子とかしっかりしたものがないっていうのは拡散していくイメージで，何

もないみたいな感じ。なくなる怖さみたいなのはあります。つながっている感じがないというか。〈あぁ〉あってほしい別の世界というのは，この世界が全否定されるものではなくて，確かにここは全部ではないけど，この世界も一部になっているという感じで，それは安心感もあって。〈安心感なんですね〉そうですね，支えられている感じ。

　分子で説明できる世界というのは，Bさんも頭の中では理解しているが，その世界のあり方はすべてが拡散してしまい，何もなくなってしまうというような恐怖につながるものである。それに比べ，「あってほしい別の世界」とはBさんが今生きているこの世界を保障する世界であり，それはBさん自身の存在を支える世界でもある。分子に分解して，すべてを把握することが安心感につながるのではなく，分からないけどあるかもしれない世界へ思いを馳せることでBさんには確かな安心感が生まれているようである。

【事例2　Cさん　20歳・女性（第1クラスタ・得点3位）】
　質問紙に記入した体験内容は，「小学校3，4年のころ，家にある鏡を見て，映っている自分の姿は自分ではなく，鏡の向こうにもう1つ世界が存在して，その中の人が真似をしているだけではないかと不安になった。そうするとわたしがわたしだと思って見ていた人は全然違うもので，こっち側のわたし自身も本当はもっと違うものではないかと思い怖くなった。鏡を見るとたまにそのことを思い出す。」というものであった。
　以下に，Cさんの実際の語りを取り上げ，その特徴を見ていく。

　　（鏡に）映っているっていわれても，本当に映っているだけなのかは分からないし，もしあっち側があるのなら，その枠の中しか見えないじゃないですか。自分が見てるときしか見えてないっていうのが怖かったですね。〈はー怖い感じ〉向こうの世界もあるというか。まあ向こうもこっちも同じような世界かなとは思うんですけど。（中略）

でもなんかこう，真似していたのがずれて，いきなりワッと手を伸ばしてきてあっちの世界に引きずり込まれるというか，そういう雰囲気……〈あちらの世界に〉はい。行きたくはないというか……どういえばいいのか分からないですが，（あちらの世界を）知っちゃったからには処分されるというか。そこの秩序とか決まりごとに従わないといけないというか。

　Cさんは，鏡の世界を自分の生きている世界と「同じような」世界と呼び，あちら側の「わたし」も独立して人格を持ち，生活を営んでいるというような感覚を持っていることが分かる。さらに，その世界のことを「知っちゃったからには処分される」というように死や禁忌といったものとも密接に関わりあっているようであり，異者体験のもたらす恐怖の側面があらわになっている体験であるともいえる。さらにCさんはこのあと，その体験から自分自身の実存やアイデンティティについて考え，しばらくするとその気持ちが落ち着いていったということを語っていく。

自分が把握していた自分の像みたいなものが，すごく当たり前として鏡でも見られていたし，自分でもそう思っていたのに，それがガラガラっと崩れ落ちてしまうというか。（中略）なんか切迫した怖さというか，本当に引きずり込まれたらとかそういう怖さだったんだけど，おさまった後はなんか頑張ってくれたらいいやっていうか，別に切り離したわけではないんですけど，よろしく，頑張ってみたいな感じですね（笑う）。（中略）向こうがリアルだったから，逆にこっち側を疑うことはなかったというか。

　Cさんは，あちら側の人物が自分とは違うものではないかと感じることで，自分の像への確信がガラガラと崩れ落ちる感覚を感じている。これは，まさに異者との出会いの体験がもたらすアイデンティティを脅かすような側面の体験であり，これまで持っていた世界の基盤を失うような体験であ

る。しかしその恐怖がおさまった後には，あちら側がリアルに存在するように感じることで，自分の存在もリアルに存在するという感覚も持っている。まさに，互いを疎外するものであり，互いを支えるものとしてCさんとCさんの鏡像が関わっているように思われる。鏡像の体験にまつわる恐ろしさがおさまった後も，Cさんにとってのあちら側の世界はなくなることはなく，「よろしく」という言葉とともに一緒に生きていくという関係に発展しているのだ。

4　異者といかに関わるか

異者の出現する場所――境界のあり方

　BさんもCさんも"異"なる世界との遭遇という体験として異者との出会いの体験を語っていると考えられた。Bさんは，その世界について「ぺらっとめくればそこにある」というように，この世界のすぐ裏側に存在するようなイメージを語った。しかし，こちらから意図して境界を超え，関わることはできない。恩寵を受けるかのようにその世界を垣間見ることしかできないのである。Cさんはあちら側の世界について「すぐ対面している同じような世界」というイメージを語り，鏡があちらの世界とこちらの世界の接地面となり，それこそが境界を意味していた。そして，Cさんにおいても主導権は鏡の向こう側の世界にあった。どちらも遠く手の触れられない場にあるのではなく，わたしたちが生きているすぐ傍に"異"なる世界を感じていると考えられる。これらから，異者体験が生じる「境界」はどこにでも存在するということが示唆される。小松は"異界という言葉は，わたしたちの世界の向こう側，境界の向こう側という意味で表現したわけですが，異界の境界はどこにあるのか分かりません。それは絶対的なモノではないからです。今，現実に生活しているこの場所が，次の瞬間には境界になるかもしれない。あるいは，山が境界になるかもしれないし，

自分の裏山が境界になるかもしれない。しかし，そこはずっと境界にならないかもしれない。異界はどこにもないが，どこにでもある。異界とは，それをリアリティとして感じ取っていた人にしか現れないのです"（小松, 2002, pp. 87-88）と述べ，佐々木は"他界は人界からすこぶる離れた空間を思わせるが，異界は人界に隣り合わせて存在する「異質のスポット」である"（佐々木, 2001, p. 9）と述べるが，突如としてその境界が目の前に現れ，まさに隣り合わせの異質のスポットとして体験されたことが，2人によって語られているのである。そして，境界を超え出てくる時には必ずあちら側の世界が主導権を持ち，こちらから意図的に関わることはできないような関係にあることがうかがわれた。これは，境界はこちらからは簡単に侵すことができないという性質を持っているようである。それゆえに境界の向こう側からやってくるものは，こちらの意図を超えた幸福であったり，災いであったりするのであろう。

　Bさんの場合には，自分が生きるこの世界の存在を支えるものとして，Cさんの場合にはともに生きていく存在として語られる。境界とは，こちら側とあちら側を「分ける」と同時に，「つないでいる」ものである。BさんとCさんの体験からは境界を侵さない，互いの領域を守ることで関係が生まれているということがうかがえる。融合してしまえば飲み込まれてしまうほどの大きな力を持っていると考えられる"異"なる世界は，境界を隔てていることで「切ること／つながること」を同時に可能にしていると考えられる。

　しかし，それらは決して実体としてあるのではない。若森は"存在せず，したがってどのようにしても正当化できないからこそ，リアルなものとは違った仕方で，異界はわれわれに対して途方もない力を持ちうるのだ"（若森, 2001, p. 194）と述べる。実際に境界の向こう側に何かが「在る」ことが重要なのではなく，こちらにもたらされた体験が"異"なる世界の痕跡となることで，我々はますます"異"なる世界に惹きつけられるのかもしれない。

異者との関係の結び方──世界とのつながり

　Bさんは道が不思議に見えた体験から，自分が生きる世界よりも大きい世界の存在を感じており，Cさんは鏡像が別人のように感じられた体験から，鏡の世界について語っていた。そして，どちらの人にとっても"異"なる世界は自らが生きる世界の支えとして存在するように語られた。Bさんにとってはこちらのリアルはあちらのリアルの一部であり，そのことでこちらの生きている世界や，Bさんの存在自身が支えられているという安心感がもたらされていると考えられた。また，Cさんはあちらの世界がリアルであるほど，こちらの世界もリアルに存在し，そのことで互いの存在を認めることにつながっているようであった。Bさん，Cさん共に自分や自分の世界が支えられているという感覚を持っており，それは異者がまったく自分とは相容れない他者として存在するのではなく，また，自分に回収されていってしまうような関係とも違い，自らがその世界に含まれているということへの気づきが体験されているように思われる。Bさんも，Cさんも自分が遭遇した"異"なる世界を含めて，より大きな視野から自らの存在が位置づけられていく感覚をもったのではないだろうか。小松（2002）は，異界は人々の伝承世界から隔絶した世界としてあるのではなく，生活世界とのつながりの中でその陰のような領域を構成し，相互の世界は互いに反応し合っているということを述べているが，これは我々の生きている世界はある一面であり，そして我々が在る世界の存在を指し示し，支えるものとして"異"なる世界があるということを示しているように思われる。これは，Bさんも「この世界が全否定されるものではなくて，（中略）この世界も一部になっているという感じ」と語り，Cさんも「よろしく」という言葉とともにその世界の存在と一緒に生きていくという関係に発展していることからもうかがえる。

異者からの呼びかけ

　異者との出会いは，閉じられ，完結したように見える我々の世界に亀裂を入れる。我々だけがこの世界に住まう住人であるということが，この体験によって簡単に覆されてしまうのである。それは恐ろしく恐怖に彩られた体験である一方，どこか安心感があり，再び触れてみたいと思わせるような生き生きとした生命感があふれるものでもあった。

　デカルト以来，個人はそれぞれに内面を持ち，すべてが内面から生じたもの，こころの中の出来事として還元されてしまうことになった。それによって，様々な事象は操作でき，調節でき，支配できるものと感じることになる。現在に至るまでの社会の発展は，そういった部分に支えられてきたことは否定されることではない。しかし，万能に見える我々の世界は，近年多くの「想定外」に見舞われているように思う。「想定外」の災害，「想定外」の事故……。あたかもそれらの事象は，本来は「想定内」であったかのような言い回しではあるが，本当にそうなのだろうか。異者との出会いは，そのような我々の小さな世界観を揺るがしてくれるのである。

　そして面白いことに，それがあらかじめ予見できなくとも，異者から常に呼びかけられるようにその出会いを求めようとする動きが我々にはあるようだ。我々は異者との出会いをいつもどこかで求めているのだ。この異者からの呼びかけにいかに応じるか，その準備を我々はいかにできるかということが，閉塞的な近代的自己観の行き詰まりにも一石を投じ，これから我々がどのように世界と関わって生きていくかということにヒントをくれるのではないだろうか。

第6章 「わたし」の中の異者と出遭う

1 「わたし」という異者

　第5章では，異者体験が誰にでも起こり，それはなにも選ばれた人だけが体験するものではないということが明らかになってきた。ふとした日常の中に，世界を一変させるような異者が潜んでいるのである。そこでさらに，我々にとって異者はすぐ身近に存在し，いつでも遭遇するものだということを示してみよう。最後に取り上げる異者とは「わたし」そのものである。
　次の言葉は筆者がある手法を使って，ある調査協力者に自分自身について納得いくように表現してもらったときに，彼の口から出てきた反応である。

　　自分を表現しようとしているが，自分の中で納得できない何かがあって気持ち悪い。これで合っているんだけどなんか変な感じがする。

　詳しい手法は後ほど詳述するが，自分自身を思う通りに表現してもらっ

ているのにもかかわらず，その自分の姿が「気持ち悪い」と感じられているのである。「わたしが異者だなんてそんなことあり得ない」と思われるかもしれない。序章においても触れたが「わたし」という感覚は，1つのまとまりとして自明な感覚であり，それを基盤として我々は思考し，感じ，他者とコミュニケーションをとっている。いつでも「わたし」の考えていることは分かるし，「わたし」がやろうと思ったことを実行しているし，「わたし」が「わたし」であることすら考えることもなく過ごしている。

　しかし，本当にそうだろうか。「わたしってこんなことをするような人間だったろうか？」と驚き，戸惑ったことはないだろうか。「思いもよらないパワーが出せた」と自分の未知の力に興奮を覚えたことはないだろうか。わかりきっているはずの「わたし」というまとまりに一度でも疑念や亀裂が生じた途端，それはわたしに対して異者として立ち現れる可能性がある。この疑念や亀裂は，わたしという概念が「揺らぐ」ということを示していると考えられるだろう。本章では，「わたし」という自己感が揺らぐ瞬間に焦点をあて，パーソナリティを揺らぎという観点から取り上げ論じていく。その際に，「わたし」が揺らぐ瞬間，つまり異者が立ち現れるとき，それはいかに体験され，その事態に対してわたしたちはどのように振る舞うのかという点に迫っていきたい。

2　「わたし」が揺らぐということ

パーソナリティにおける揺らぎ

　前述したように，「わたし」という感覚が1つにまとまっているということは，自明のように感じられる。しかし，本来はその感覚とは自明なものとは言い切れない。「わたし」という感覚とそれが揺らぐ体験について考えていくために，ここでは「わたし」という感覚をパーソナリティという側面から取り上げていきたい。まずはパーソナリティが揺らぐというこ

とはどういう事態なのか，簡単に触れておこう。

「わたし」というまとまりが1つであると感じられるように，我々はパーソナリティが一貫していること・1つであることを重視する傾向にある。しかし，本来パーソナリティとは多様性を含みつつもそれを統一体とするものである。ジンバルドーは，我々は一貫性があるというのは善いこと，信頼性のあること，安定性のあることとして評価している傾向があるため，一貫性が存在しないところにそれを見る傾向が生じるということを指摘している（Zimbardo, 1980/1983）。またストーは，自分自身のこころの内面に不調和を発見すると不快を感じるのが人間精神の強い傾向であり，そのために，この不快を除去し様々な形である種の統一を回復あるいは達成しようとすると述べる（Storr, 1972/1976）。パーソナリティを1つの傾向を持つまとまりとして捉えようとすれば，その傾向から外れる要素はまとまりを崩す揺らぎとして排除されてしまう。

しかし一方で，この揺らぎはパーソナリティを考える上で有用な概念でもある。山田剛史は，精神／心的システムとしての「思考」と身体的・社会的システムとしての「行為」のそれぞれによる産出的作動が連動することで，自己形成が成立するというシステム論的自己形成論を提示し，自己形成を概念ではなく絶え間なく生成し続けられている現象として捉えようとした（山田，2005）。その中で，「ゆらぎ（fluctuations）」を1つの鍵概念として挙げている。「ゆらぎ」とは，システムがそれまで持っていた秩序に対し何らかの変化を要請するものであり，新たな秩序を形成するためには重要な要因であるとされる。しかし，ここでは「ゆらぎ」の重要性は述べられているものの，「ゆらぎ」自体が個人にどのように体験され，自己形成においてどのように寄与するものなのかについては触れられてはいない。こういった「ゆらぎ」への対処の仕方を見ていくことで，個別的なパーソナリティの立ち現れ方を検討することができると考えられる。

また，パーソナリティにおける揺らぎに関連する研究として，桑原の人格の二面性の研究が挙げられる（桑原，1991）。桑原は，人格における対極的な面（二面性）を抽出する質問紙TSPS（Two-Sided Personality Scale）を考案

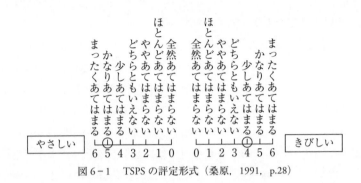

図6-1　TSPSの評定形式（桑原，1991，p.28）

した。これは対極にあると考えられる対形容詞に対して，どちらの形容詞も選択してよいという評定形式を持つものであり（図6-1），この方法によって人格における二面性を数値によって抽出することに成功している。

そして桑原は，TSPSに回答する際に「認知的自己の振動」という心理的な反応が起こっていると指摘している。これはTSPSに回答することで，自分のもう片方の側面を意識することになり，今まで認知されてきた自己が揺さぶりをかけられるというものである。この「認知的自己の振動」とは，対極的な要素が同時に提示されることによって，1つの傾向にまとまっていた自分の姿が揺らぐ現象といえよう。

自己構成の枠

このように揺らぎを否定的なものとして切り捨てるのではなく，揺らぎの意味やその様相について検討していくことは重要である。しかし，我々が自らのパーソナリティがまとまったものであるという感覚を持っているということも経験的には自明である。ケリーは，我々人間は，様々な体験をする際に，それらの差異や類似性について認知していくことで，それらの現象についての構成概念（Construct）を形成しているという。その構成概念とは，個人が外界を認知・選択し，解釈する枠組みであり，それによって我々の行動は方向づけられているのである。さらに，ケリーは個人個人

が持っているその構成概念をパーソナリティとして捉え，パーソナル・コンストラクト理論（Personal Construct Theory）を提唱している（Kelly, 1955）。このケリーの理論は，我々が自分自身について1つのまとまりとして自明であると感じていることを説明する1つの方法である。そこで，本章ではパーソナリティにおける揺らぎの様相について検討していくために，ケリーのパーソナル・コンストラクト理論を援用し，個人が多様な性質の中から特定の性質を選びとり，一定の傾向を持つ「わたし」というまとまりとして枠づけるはたらきがあると想定する。そして，この枠づけられたまとまりのことを「自己構成の枠」と名づける。これにより，この自己構成の枠が揺らぎに対してどのような対処をするか，つまり，揺らぎをその枠の中に組み込んでいくのかあるいは排除していくのかという点を扱っていくことができると考えられる。そして，自己構成の枠と揺らぎがどのような関係にあるのかということから，そこに立ち現れるパーソナリティについて検討していく。

「わたし」が揺らぐことをどのようにキャッチするか

　本章では，揺らぎの様相について多方面から検討を試みるため，質問紙TSPS-Ⅱ[*1]と図式的投影法のアプローチを用いる。

　TSPS-Ⅱの評定形式は図6-1に示した通りであり，望ましい意味を持つPositive語（以下P）で対極の意味を持つ形容詞30対とPの対形容詞の意味に対応した形で望ましくない意味を持つNegative語（以下N）の対形容詞30対の合計60対で構成されている[*2]。この質問紙では，二面性を測る

[*1] 桑原(1991)は，TSPSの項目においてはすべてが望ましい意味を持つ語(Positive語)から構成されていることにより，性格表現における望ましくない意味を持つ語(Negative語)の面を表現し得ないという点を指摘した。そのような点を改良するため，Positive語とNegative語の双方から捉えられる二面性を測定する項目を備えたTSPS-Ⅱを作成している。本章においても，より包括的な二面性について取り上げるために，TSPS-Ⅱを用いて検討している。

スコアとして「やさしい―きびしい」のような左右の対の評定点についてその差の絶対値をとり，それを対ごとに計算して全項目対の値を合計したスコア(S⁻スコア)を設けている。スコアはP，Nそれぞれに算出されS⁻(P)，S⁻(N)と名づけられている。このS⁻の値が小さければが二面的であることを示し，大きければ一面的であるとされる。桑原(1991)は，既存の人格検査の結果から得られる知見とあわせ，それぞれのスコアについての人格特性を示している。

このTSPSは"ある人が，どういった性格を有するのかだけでなくどのように性格を有するかという，人格の構造について測定する点がその独自性"(桑原，1991, p. 147)としている。つまり，項目内容についてそれがどの程度自分の中にあると考えているかということだけではなく，それらの相反する性質をいかに自らの内に位置づけているのかというような点が明らかになるということである。これは，揺らぎを生じさせる二面的な要素を取り込むか否かという枠づけ方の違いについて情報を与えると考えられる。このような性質を利用して，本章では，人格の捉え方が一面的か二面的かを分類するS⁻スコアに着目し，P一面・P二面・N一面・N二面の4群を自己構成の枠という切り口で見ていく。また桑原によると，TSPSは何らかの感情的変化を引き起こすものであるとし，この点でTSPSは"質問紙法というよりは，むしろ投影法に近いものを感じさせる。いうならばTSPSはロールシャッハ・テストにおける図版のような，ある種の刺激としてはたらいていることが想像できるのである"(前掲書, p. 147)という。このことからTSPSを使用することで，揺らぎを生じさせる対極的要素に対して無意識的に引き受けるのか回避するのかという反応の違いを得られると考えられる。

また，どのような「わたし」というまとまりを持っているかという自己構成の枠から個人のパーソナリティを抽出していくために，水島恵一に

---

*2　例えば，Pの対形容詞「口数少ない―話し好きな」に対し，Nの形容詞対は「むっつりした―おしゃべり」というような対が設定されている。

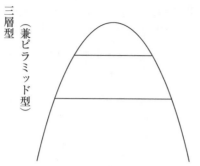

図6-2　図式的投影法（水島，1984, p. 116）
水島（1984）の方法では三層に分かれた山型と感情カード（喜・悲・望・恐・愛・嫌・怒・驚・その他）を用いて，テーマに対して自らがぴったりするようにカードを配置して作品化していく。山型の上段は「対社会的表層」，中段は「日頃意識している層」，下段は「漠然と感じられる深層」を表す場とし，それぞれのレベルでどのような感情を抱いているか，直感的体験によって表現できる方法である。

よって考案された図式的投影法（カード式・層構造型）の形式を用いる（図6-2）（水島，1984）。

　水島（1984）によると，この投影法は感情構造，自己構造，人間関係や小集団の構造，生活構造，社会・文化構造までを含んだ体験的研究に適応しうるものであり，簡素化された要素で図として示されることから全体構造の把握に役立つという。この特徴は，自らの内面を投影的に出すことで，そこにその人自身の捉え方を構造化して見ること，また図に投影されたものに対峙することで，そこに揺らぎを見出した人はどのように引き受けていくかを構造化して見ることを可能とする。また，図式的投影法は投影法と名づけられているが，図を作成している最中から最終的に出来上がるまで図の全体像を目の当たりにしているため，自分のまとまりについて強く意識させるものとなっている。これらより，図式的投影法を用いることで個人の内面の捉え方，揺らぎへの対処についての意識的な反応を得ることができると考えられる。

本章では，TSPSと図式的投影法の2つの方法を用いて，実験的に「わたし」の揺らぎを引き起こしてみる。TSPSで使われる対極的な形容詞のカードを，図式的投影法の土台となる用紙に並べてもらう[*3]。すると，矛盾を含みつつもまとまりを持つ「わたし」の姿が，他ならないわたし自身によってその目前に組み立てられるのである。果たしてそのときに我々はどのように反応をするのか，そして，揺らぎと直面したときにどのように揺らぎを吸収していくのかあるいは揺らされないのかという様相について考察していく。

3 「わたし」の揺らぎを調査する

「わたし」の揺らぎ調査Ⅰ——TSPS-Ⅱ-Rによる質問紙調査

改変項目作成とカードの選定

まず予備調査では，本書の方法上そぐわないと判断された6対に代わる新項目を桑原（1991）に準じて作成した。新項目は「形式的—独創的」「型にはまった—奇抜な」「几帳面—おおらか」「神経質な—適当な」「素直な—ものの裏を見る」「物事をうのみにする—猜疑心の強い」であり，それらを含む改定版TSPS-ⅡをTSPS-Ⅱ-Rとした。TSPS-Ⅱ-Rの項目は，表6-1に示している。

[*3] このような理由から，本章の調査においては，図式的投影法をベースにTSPS-Ⅱの対極の形容詞をカードの材料として用いる。しかし，TSPS-Ⅱでは，対語を並べて提示するという特性から，1つの形容詞に対して異なる対語を組み合わせることで，異なる形容詞対が作成されている。本書における研究では，カードをばらばらに呈示するために，この同一語を含む対語は不適切と判断され，新たな項目を作成することが必要となる。よって，本章では調査Ⅰで，まず予備調査として新項目の作成を桑原（1991）の手続きに従って行い，改定版TSPS-Ⅱ（TSPS-Ⅱ-R）を作成する。そして，新項目を含んだTSPS-Ⅱ-Rによる質問紙調査を行い，その調査結果から図式的投影法に用いるためのカードを選定した。

表 6-1　POSITIVE, NEGATIVE の対，及び P-N 間，各対間の相関係数表

対相関係数	POSITIVE語対	P—N間相関係数	NEGATIVE語	対相関係数	(中央)	対相関係数	POSITIVE語対	P—N間相関係数	NEGATIVE語	対相関係数
-.578**	口数少ない / 話し好きな	.449** / .551**	むっつりした / おしゃべり	-.242**	-.189**		クールな / 人情に厚い	.227** / .454**	情がうすい / 情に流される	-.306**
-.419**	それとなくいう / 単刀直入	.482** / .528**	もってまわっていう / ズケズケいう	-.329**	-.180**		社交的 / 孤独を好む	.288** / .272**	八方美人 / 人づきあいの悪い	-.201**
-.402**	形式的 / 独創的	.652** / .587**	型にはまった / 奇抜な	-.417**	-.164**		几帳面 / おおらか	.510** / .203**	神経質 / 適当な	-.284**
-.379**	てきぱきした / おっとりした	.274** / .389**	せかせかした / ぐずぐずした	-.172**	-.129**		しぶとい / あっさりした	.352** / .004	執念深い / なげやりな	-.012
-.372**	気が強い / おとなしい	.468** / .437**	我が強い / 気の弱い	-.300**	-.127**		冷静な / 情熱的	.323** / .498**	さめた / 激しやすい	-.236**
-.340**	世話好き / 人に干渉しない	.612** / .310**	おせっかい / そっけない	-.259**	-.126**		指導的 / 従順	.502** / .559**	支配的 / 追従的	-.282**
-.306**	古風な / 現代的な	.443** / .262**	因習的な / 新しがりやの	-.027	-.100		用心深い / のんきな	.425** / .272**	うたがい深い / ぬけた	-.103
-.289**	陽気な / もの静か	.439** / .327**	さわがしい / 陰気な	-.200**	-.100		執着する / 臨機応変の	.350** / .021	こだわる / 場当たり的	-.100
-.278**	融通がきく / 一本気	.009 / .343**	迎合的 / がんこな	-.140*	-.082		太っ腹な / デリケートな	.216** / .381**	ずぶとい / 線の細い	-.279**
-.272**	大胆 / 細心	.391** / .326**	むこうみずな / 小心	-.101	-.032		のんびりした / エネルギッシュな	.153* / .371**	怠慢な / がむしゃらな	-.071
-.264**	素直な / ものの裏を見る	.277** / .434**	物事をうのみにする / 猜疑心の強い	-.223**	-.026		淡々とした / 熱中する	.055 / .282**	無感動な / のぼせやすい	-.320**
-.256**	おおような / 厳格な	.266** / .316**	ルーズな / しゃくし定規な	-.303**	.002		茶目っけのある / 大人っぽい	.077 / .047	幼稚な / ひねた	.200**
-.227**	あきらめのよい / ねばり強い	.307** / .108	粘りのない / しつこい	-.179**	.069		自立的 / 協調的	.110 / .178**	独断的 / 付和雷同	-.079
-.205**	分析的 / 直観的	.424** / .383**	理屈っぽい / 非論理的	-.357**	.096		実際的 / 理論的	.396** / .203**	実利的 / 頭でっかち	.038
-.201**	気軽な / 慎重な	.331** / .218**	軽率な / 思い切りの悪い	-.014	.107		話しじょうず / 聞きじょうず	.365** / .316**	口じょうず / 聞いてばかりの	-.353**

*$p < .05$　**$p < .01$

　対になる言葉同士の関係性の強さが相関係数として表されている。相関係数は絶対値が1に近いほど強い関係がある。例えば，「口数少ない」と「話し好きな」というポジティブな意味の対義語を見てみよう。その対相関係数は-.578であり，「やや強い負の相関」があると考えられる。ここからこの対語は対義語として妥当であると読み取れる。今度は「口数少ない」と「むっつりした」というポジティブ—ネガティブ語間の対相関係数を見てみると .449であり，「やや強い正の相関」があると考えられる。これはポジティブ，ネガティブの意味の違いはあるが，同義語として妥当であると見なすことができるだろう。

次に，図式的投影法に用いるカード選別のために大学生・大学院生273名（男性114名，女性159名）[*4]を対象に2007年5月から6月にかけて新項目6対が入ったTSPS-Ⅱ-Rによる調査を行った。

その後，カードの吟味と選定を行うため以下の手続きをとった。

① P-N相関：P-N項目間の評定値の相関係数を調べた。各項目間及びP-N間の相関係数を表6-1に示す[*5]。新項目についても桑原（1991）同様，対間の相関係数は負，P-N間の相関係数は正となっており，追加された項目が適切であることが示された。

②因子分析：P項目・N項目それぞれの評定値に対して因子分析（主因子法・プロマックス回転）を行ったところ5つの因子が抽出された。P項目については，第1因子は「社交的な」「陽気な」などに高負荷な社会適応因子，第2因子は「慎重な」「用心深い」などに高負荷な内省—非内省因子，第3因子は「のんびりした」「のん気な」などに高負荷な非活動性因子，第4因子は「淡々とした」「冷静な」などに高負荷な情緒安定性因子，第5因子は「しぶとい」「執着する」などに高負荷な粘着質因子と命名した。N項目に関しても，因子寄与率は異なるものの，P項目と同様の因子が抽出された。

因子分析によって得られた5因子や形容詞の意味，対立度に偏りがないよう形容詞対の選出を行った。その際，TSPS-Ⅱ-Rの自由記述や予備調査から調査協力者にとって意味がとりにくいとされた項目を省いた。

その結果，P項目17対34項目とそれに対応するN項目を合わせて，計34対68項目の形容詞対が選定された。選定した項目群を表6-2に示す。

[*4] 平均年齢は，男性20.93歳（$SD = 2.20$, range = 18～28），女性20.91歳（$SD = 3.02$, range = 18～46），全体20.92歳（$SD = 2.71$, range = 18～46）であった。

[*5] これを見ると，「口数少ない」と「話し好きな」，「むっつりした」と「おしゃべり」のような対間の相関係数はおおむね負，「口数少ない」と「むっつりした」，「話し好きな」と「おしゃべり」のようなP—N間の相関係数は正となっている。

表6-2　選出された形容詞対

POSITIVE 項目群			NEGATIVE 項目群		
実際的	−	理論的	実利的	−	頭でっかち
細心	−	大胆	小心	−	むこうみずな
冷静な	−	情熱的	さめた	−	激しやすい
てきぱきした	−	おっとりした	せかせかした	−	ぐずぐずした
陽気な	−	もの静か	騒がしい	−	陰気な
執着する	−	臨機応変の	こだわる	−	場当たり的
自立的	−	協調的	独断的	−	付和雷同
(*)形式的	−	独創的	(*)奇抜な	−	型にはまった
のんびりした	−	エネルギッシュな	怠慢な	−	がむしゃらな
口数少ない	−	話し好きな	むっつりした	−	おしゃべり
分析的	−	直観的	理くつっぽい	−	非論理的
世話好き	−	人に干渉しない	おせっかい	−	そっけない
(*)几帳面	−	おおらか	(*)神経質	−	適当な
大人っぽい	−	茶めっけのある	ひねた	−	幼稚な
気が強い	−	おとなしい	我が強い	−	気の弱い
用心深い	−	のんきな	疑い深い	−	ぬけた
社交的	−	孤独を好む	八方美人	−	人づきあいの悪い

(*) は新項目

「わたし」の揺らぎ調査II——図式的投影法

　続いて，調査Iで得られた形容詞対を用いて図式的投影法による面接調査と図作成時の体験を質問紙とインタビューで聴取する「わたし」の揺らぎ調査IIを行った。

　「わたし」のゆらぎ調査Iの質問紙に回答した国立大学の学部生・大学院生の中から40名（男性17名，女性23名）の協力を得て，2007年9〜10月に行った[*6, *7]。自己構成の枠と揺らぎの様相についてどのような反応が得られるか，その特徴をより明確化させるためにS⁻スコアによって分け

[*6]　調査IIの協力者は調査Iの協力者の中から選ばれたが，①図式的投影法に用いたカードは対語と分からないようにばらばらに呈示されたこと，②調査Iから4ヶ月〜半年の期間を空けて調査IIを行ったことから，調査IIへの影響はないと考えられた。
[*7]　年齢の平均は，男性22.29歳（$SD = 2.29$, range = 19〜28），女性22.22歳（$SD = 5.42$, range = 18〜46），全体22.26歳（$SD = 4.375$）であった。

表6-3　各群の人数，及びスコアの範囲

	POSITIVE	NEGATIVE
S⁻大群	11人	8人
(49〜97)	P一面群	N一面群
S⁻小群	11人	10人
(15〜36)	P二面群	N二面群

※（　）内はスコアの range

られた4群に分けて特徴を抽出し，考察することにした。そのため，調査協力者は調査Iの質問紙から算出されたS⁻（P），S⁻（N）のスコアそれぞれの大群・小群に属する人から集められた[*8]。S⁻スコアの大きいことが一面的・小さいことが二面的であることを示すため，S⁻（P）大群をP一面群，S⁻（P）小群をP二面群と定め，Nについても同様に，N一面群，N二面群とした。各群の人数と群名，スコアの範囲を表6-3に示す。

調査は，図式的投影法の実施，作成中の体験について問う「体験質問紙」[*9]への回答及びインタビューからなる個別の面接法で行った[*10]。詳しくは以下の（1）〜（3）の手続きで実施した。

(1) 図式的投影法の実施

調査協力者に山型の土台と，ランダムに配置された対極カードを呈示し[*11]，

[*8] 桑原（1991）のスコア基準によって分類した際，S⁻（P），S⁻（N）共に大群に分類されるなど複数の群にまたがる人もいたが，ここでは4群それぞれの特徴を明らかにするために，単一の群にのみ分類される人に面接調査を行った。

[*9] 体験質問紙は，木下・伊藤（2001）で用いられたSD法尺度（7件法）からの7項目と予備調査の面接の中で参加者の反応を参考にして筆者が作成した12項目（7件法）の19項目から成っていた。

[*10] 調査開始前に，調査内容の概略及び「いつでも調査の協力を拒否する権利があること」「プライバシーは必ず守られること」を説明し，インタビューの際の録音の可否を確認した。

[*11] 図式的投影法の土台となる三層に分割された山型の図をA3判画用紙に印刷したものを使用した（図6-2）。また，調査Iにて選出された性格用語34対68枚を3×2cmのカードに印刷したものを用いた。それに加え同型の白紙カード2枚を用意した。

「この山型の図はあなた自身を表す場だと考えてください。一番上の層からあなた自身が『表面的な部分』，『あなたの中身』，『より深い内面』にあると感じる性質を，それぞれ表す所だとします。これからこのカードを使ってあなた自身の人格をこの場に表現してもらいます。カードは何枚使ってもかまいません。置く場所も自由です。もし付け足したいカードがあればこの白紙カードに言葉を記入して置いてください。」と教示し，図の作成を求めた。

(2) 体験質問紙による評定

その後，作成された図と対峙した際の体験を数値化するため，調査協力者に体験質問紙への記入を求めた。その際，「今作ってもらった図を見て感じることを評定してください。あまり深く考えずに直感で丸をつけていってください」と教示した。

(3) インタビュー

最後に，図作成中及び作成された図と対峙する中で体験されたことをより明確に聴取するためインタビューを行った。インタビューは「図作成時に感じたことや思ったこと」「図の特徴について（空白・カードの並べ方など）」「出来上がった図を見て感じたこと」を中心に，調査協力者が語る内容に沿って聴取する半構造化面接で行った。

細かい分析に入る前に，1つ作成例を提示してみよう（図6-3参照）。20歳女性の協力者の例である。8分ほどかけて，自らを表すカードをぴったりくるように置いてもらった。この例では，「頑固な」（中央部分）というカードを協力者本人が新たに追加している。

インタビューでは「下層が入れにくかった。深いというのは何なんだろうというのがあって，カードを見ながら当てはまるとかしっくり来るのをおいた。「頑固な」は自分の中心というか真ん中にある形容詞。自分と周りの印象が一致しているものは上においてある。」「下層は自分でもよく分かっていないもやーっとした感じ。いっぱいカードがあるからたくさん置けるのかと思っていたが，自分の中で割合が大きくない限り置けない。まったく当てはまらないわけではないけど，自分ぽい感じがしないものは置か

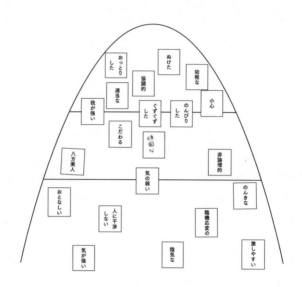

図6-3　図式的投影法の作成例（22歳女性）

なかった。」というようにカードを置いていく際の感覚を語っていた。さらに，「場所も今見たら置き方が面白い。気が強いと気が弱いが両方貼ってある，逆なのに。今気づいた。」というように，意識的に配置しているのにもかかわらず，自分で予期せぬ動きが生じていたことが後に気づきとして語られていることも興味深い。これは図式的投影法が意識的な部分を用いて作成していくだけでなく，無意識的な部分にも働きかける効果があることを示しているだろう。インタビューの最後には「バラっとしてるし，逆なイメージはあるけど，バランスは取れている。逆なカードが並んでいるのは面白いなと思う。違和感はないし，やっぱりあったんだというような感じ。」と語られ，驚きもありながら共に自分らしいというような不思議な感覚を抱いていることが分かる。

　このような体験や語りはどのようなことを示しているのだろうか。これから，質問紙や図式的投影法の分析を通して明らかにしていこう。

図式的投影法によって何が体験されたか

体験質問紙の構造

　記入された体験質問紙の19項目について，その構造を調べるため因子分析（主因子法・プロマックス回転）を行ったところ3つの因子が抽出された。その結果を表6-4に示す。

　第1因子は一貫した・確立された・まとまったなどの項目から構成される「統合性因子」，第2因子は受け入れられる・ぴったりした・満足したなどの項目から構成される「適合性因子」，第3因子はエネルギーがある・動的・豊かなどの項目から構成される「力量性因子」と命名された[*12]。

表6-4　体験質問紙における項目の因子負荷量

因子名	項目	因子1	因子2	因子3
統合性	はっきりした―雑然とした	.750	-.132	.005
	本質的な―非本質的な	.663	-.008	.286
	一貫した――一貫しない	.662	.016	-.084
	凝り固まった―柔軟な	.518	-.426	-.138
	確立された―未確立な	.484	.259	.084
	近い―遠い	.477	.054	.027
	まとまった―雑然とした	.442	.017	-.042
	変化しない―変化する	.413	.158	-.148
	あらわな―隠された	.359	-.022	-.155
$\alpha = .778$	安定した―不安定な	.345	.322	-.127
適合性	受け入れられる―受け入れられない	-.301	.831	-.159
	ぴったりした―ぴったりしない	.095	.743	.022
	満足した―満足しない	.096	.621	.054
	調和した―不調和な	.394	.480	-.011
$\alpha = .778$	しっくりする―違和感のある	.267	.401	-.048
力量性	エネルギーがある―エネルギーがない	-.214	.046	.827
	動的―静的	-.171	-.020	.733
	豊かな―貧弱な	.118	-.214	.643
$\alpha = .755$	深い―浅い	.245	.233	.497
因子の寄与率（％）		25.338	14.828	10.103
累積寄与率（％）		25.338	40.167	50.269

主因子法・プロマックス回転

表6-5　各群における体験質問紙尺度得点の平均値及び標準偏差

	統合性得点		適合性得点		力量性得点	
	M	SD	M	SD	M	SD
P 一面群	44.237	(7.747)	26.273	(3.133)	16.091	(4.505)
P 二面群	36.546	(5.429)	22.182	(4.378)	15.727	(2.611)
N 一面群	42.000	(8.569)	24.750	(2.765)	18.875	(3.563)
N 二面群	43.100	(5.322)	21.600	(4.248)	14.500	(3.979)

尺度得点についての分析

　さらに，体験質問紙から得られた3因子それぞれの項目得点について群間において差があるかどうか統計にかけて比較を行った[*13]。表6-5に各群の体験質問紙尺度得点の平均値と標準偏差を示した。各因子の項目得点の合計点をそれぞれ統合性得点・適合性得点・力量性得点として，得点別の分析の結果を以下に示す。

<u>統合性得点</u>：分散分析の結果，一面性・二面性要因とPN要因の交互作用が有意であった（$F(1, 36) = 4.144, p < .05$）。単純主効果の検定を行ったところ，二面群において，PN要因の単純主効果が有意であった（$F(1, 36) = 4.869, p < .05$）。またP群において，一面性・二面性要因の単純主効果が有意であった（$F(1, 36) = 7.106, p < .05$）。P二面群の統合得点が突出して低く，他群に比べて図に対してまとまった感じを受けにくいという結果が得られた。

<u>適合性得点</u>：分散分析の結果，一面性・二面性要因の主効果のみが見られた（$F(1, 36) = 9.174, p < .01$）。一面群のほうが二面群よりもぴったりした感じや当てはまっている感じを受けやすいという結果が得られた。

<u>力量性得点</u>：分散分析の結果，一面性・二面性要因の主効果のみ有意傾向であった（$F(1, 36) = 3.955, p < .10$）。一面群のほうが二面群より，作成した図に対してエネルギーの多さや動きを感じやすい傾向にあったとい

[*12]　統合性因子・力量性因子の命名については木下・伊藤（2001）を参考にした。
[*13]　各因子を構成する項目の合計点を従属変数として，一面性・二面性要因（被験者間）とPN要因（被験者間）の2要因分散分析を行った。

う結果が得られた。

　以上，各因子の項目得点ごとに各群の得点比較を行った。適合性得点・力量性得点についてはどちらも二面群より一面群の方がより高い得点をつけていたが，P-N間では差は見出せなかった。注目すべきは統合性因子の結果であろう。P二面群において統合性得点が他と比べて低くなっており，同じ二面群でもP群とN群の反応の違いが示されている。

対極得点についての分析

　続いて，各図に置かれた対語カードの得点化を行った。調査Ⅰ（表6-1）で算出された各対極語の負相関係数が高いほど，対間の対極度が高く同一人格内に共存しにくいと考えられる（桑原，1991）。S⁻スコア（二面性スコア）は対極の形容詞が自分にどの程度当てはまるかを得点化したものであるが，対極度とは対形容詞が持つ機能的な意味での対極の度合いを示すものであり，その点でS⁻スコアとは異なる。対極度の高い対形容詞を作成した図に多く用いるほど，揺らぎに対して導入的であると考えられる。そこで各対の負相関係数の絶対値をその対語の対極度を表す点数とし，図中に置かれた対語カードすべての得点の総和を各人の対極得点としてP一面・P二面・N一面・N二面群の得点を比較した[14, 15]。各群の平均対極得点

---

[14]　例えば，「口数少ない」と「話し好きな」の対間の相関係数は表6-1より-0.578であるため，2つのカードを図中に用いた場合，対極得点は0.578点となる。ただし，相関係数が正の値になった5対（「茶めっけのある―大人っぽい」「幼稚な―ひねた」「自立的―協調的」「実際的―理論的」「実利的―頭でっかち」）は，ここでは対極だと見なさず0点として換算した。

[15]　項目得点の分析と同様，対極得点を従属変数として一面性・二面性要因（被験者間）とPN要因（被験者間）の2要因分散分析を行った。その結果，交互作用が有意であった（$F(1, 36) = 12.062, p < .01$）。単純主効果の検定を行ったところ，P群において二面群は一面群より対極得点が有意に高く（$F(1, 36) = 4.529, p < .05$），N群において一面群は二面群より対極得点が有意に高かった（$F(1, 36) = 7.601, p < .01$）。また，一面群ではN群はP群より対極得点が有意に高い傾向があり（$F(1, 36) = 3.207, p < .10$），二面群ではP群がN群より対極得点が有意に高かった（$F(1, 36) = 10.021, p < .05$）。

表6-6　一面・二面群とP―N群の平均対極得点

	一面群		二面群
POSITIVE	0.337	< **	0.623
	∧ *		∨ **
NEGATIVE	0.599	> ***	0.187

数値は平均対極得点。*$p < .10$，**$p < .05$，***$p < .01$

を表6-6に示す。

　この結果，対極得点はP二面群，N一面群において高得点がつけられ，P一面群，N二面群において低得点がつけられるという要因間のねじれ（cross-over interaction）が起きているということが分かる。通常ならば二面的な要素をより多く持っていると考えられるP二面群とN二面群の対極得点が高くなり，反対に一面的な要素が前面にあるP一面群とN一面群の対極得点が低く表れてくると考えられる。しかし，P一面群とP二面群に関しては予想と反しない結果ではあったが，N一面群は対極得点が高く，N二面群は対極得点が低くなるという全く予想外の結果がでたのである。この結果の意味についてはまた後ほど触れよう。

インタビューについての分析

　P一面・P二面・N一面・N二面各群における図作成中，及び図と対峙した際の体験の特徴を明らかにするため，インタビュー内容の分類を試みた。インタビューのカード化及び分類カテゴリの作成とカードの分類は，川喜多二郎（1967, 1970）を参考に筆者を含む3名の協議によって行った。表6-7に分類カテゴリと各グループのコメント数を示す。カテゴリの分類基準についても表6-7を参照していただきたいが，例えば「統合感あり」は図に置かれたカードの性質にまとまりや一貫性を感じている内容，「適合感あり」は図に置かれたカードの内容や配置などが自分に当てはまっているという内容，「変化あり」は図を作成する際に自己イメージや図が表しているものが次第に変化してきたという内容を示している。

表6-7　インタビューの分類カテゴリと各グループのコメント数及び検定結果

分類カテゴリ	分類基準	P1	N1	P2	N2	検定結果
1．統合感あり	まとまっている，一貫性があるという反応	38	18	4	7	P1に多い**　P2に少ない**
2．統合感なし	まとまりがない，一貫性がないという反応	16	9	37	16	P2に多い**　P1・N1に少ない*
3．適合感あり	図が自分に当てはまる，自分を表せているという反応	50	53	32	22	N1に多い**　P2に少ない**
4．適合感なし	図に違和感を感じる，表せていないという反応	23	21	40	35	N2に多い**　P1に少ない**
5．変化あり	作成中に自分のイメージや図が変化していくという反応	14	10	10	1	N2に少ない**
6．変化なし	作成中に自分のイメージや図が変化しないという反応	6	3	4	1	
7．図の意味づけ	「図の上部は社会的な部分」など図に対して意味づけるもの	25	18	37	23	
8．図を見た感想	「この方法はいい」など感想にとどまるもの	13	7	18	8	
9．その他	思い出や普段の生活について語るもの	13	4	10	9	
計		198	143	192	122	

表内のP1はP一面群，N1はN一面群，P2はP二面群，N2はN二面群をそれぞれ示している。　　　$*p<.05$, $**p<.01$

　また，各グループにおいて分類カテゴリごとのコメント数の多少の傾向を調べるため，グループ間での比較を行った（χ^2検定）。その結果，P一面群では「統合感あり」が多く（$p<.01$），「統合感なし」「適合感なし」が少なかった（前者$p<.05$，後者$p<.01$）。N一面群では「統合感なし」が少なく（$p<.05$），「適合感あり」が多かった（$p<.01$）。P二面群では「統合感あり」「適合感あり」が少なく（ともに$p<.01$），「統合感なし」が多かった（$p<.01$）。N二面群は「適合感なし」が多く（$p<.01$），「変化あり」が少なかった（$p<.01$）。

表6-8　各調査法による揺らぎへの態度

	P一面群	N一面群	P二面群	N二面群
TSPS	揺らぎ回避的	揺らぎ回避的	揺らぎ導入的	揺らぎ導入的
図式的投影法	揺らぎ回避的	揺らぎ導入的	揺らぎ導入的	揺らぎ回避的
反応	揺らがない	揺らがない	揺らぐ	揺らぐ

4　異者が引き起こす自己融解と再統合のダイナミズム

各群の反応は何を示しているのか

　ここからは，これまでの分析で得られた結果をもとに，4群の反応の特徴を描き出していく。表6-8は本章で使用した調査法において各群が示した揺らぎへの態度をまとめたものである。TSPSの項目では，対極の要素を自分に当てはまるとする二面群が揺らぎ導入的，その逆に一面群が揺らぎ回避的である。また，図式的投影法の項目では，対極の形容詞を図中に配置しているという指標である対極得点の高い群（N一面・P二面）を揺らぎ導入的，低い群（P一面・N二面）を揺らぎ回避的であるとした。「反応」の項目では，作成した図式的投影法と対峙した際，「統合感あり」「適合感あり」というまとまりや安定感，満足感を多く示した群（P一面・N一面）を揺らがない反応とし，反対に「統合感なし」「適合感なし」というまとまりのなさや違和感，不安感を多く示した群（P二面・N二面）を揺らぐ反応とした。これらをもとに4群の特徴について図式的投影法の作成例を示しながら検討する。

P一面群「揺らがないわたし」

【P一面群・20歳女性の例（図6-4）】

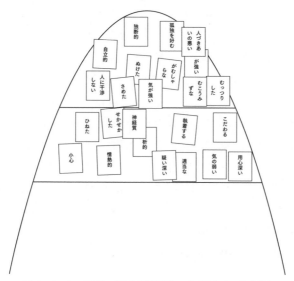

図6-4　P一面群・図式的投影法の作成例（20歳女性）

「直感で選んだが自分としてのまとまりというか一貫した感じがある。外には気が強いけど内側では気の弱いところを隠しながら生きている感じが現れている。でもそれが自分なんだなと思う。自分の性格としてそのまま変わらないと思う。」

「下に何か置けると思ったが，置いちゃいけないような気がした。でも置いているところは自分で思った感じに置けていてぴったりした感じがある。」

「きれいに並べていくのは自分らしくないので思った通りに置いた。出来上がったのを見ても自分らしいなと思う。」

TSPSと図式的投影法においても揺らぎ回避的な反応を示した群である。上記に示した例のように自分で作った図に対し統合感や適合感を受けやすく，作成後の反応も揺らがないという特徴を示した。インタビューでは，

「自分のイメージがそのまま表せた」「図から自分のキャラクターがすんなりできる」という語りや,「キャラクターとして変わらない」「確立されていて変わらない」という語りが見られ,このような語りから自分のイメージを元から持っており,そのイメージは固定したもの・確立されているものであることが推測できる。

　この群は「これが自分である」と提示できる自己構成の枠は強固であり,その輪郭ははっきりしているという特徴を持っているようである。このことで枠が揺らぐこともなく,自分のイメージを強固に保持できるということがいえるのではないだろうか。この群において枠が強固であることは,桑原(1991)がP一面群は,人格は1つであると捉えがちであるというような「構え」が強く見られると指摘していることとのつながりを推測できる。

N一面群「揺らぎが意味づけられる」
【N一面群・22歳女性の例（図6-5）】

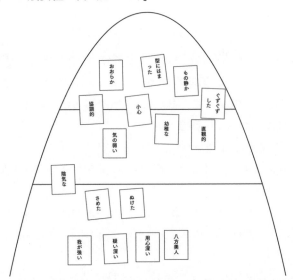

図6-5　N一面群・図式的投影法の作成例（22歳女性）

「自分のイメージがあって,表面的は良いけど実は悪いというイメー

ジがあって，それがよく表せていると思う。その2つは善と悪の部分で，はっきり割れているような感じがある。外と内で使い分けるみたいな。」
「自分の中の，人には言わないけどいつも思っているような核心が表れた感じ。……自分の中の対極の性質もそれが普通だと思う」「適当に置いてみたんだけど，自分のイメージと一致した。自分だとすごく納得できる感じがあった。」

　TSPS においては揺らぎ回避的であるが，図式的投影法においては揺らぎ導入的であるという相反するような性質を持つ群である。作成した図に対極の性質を認めるが，適合感があるという反応を示している。
　インタビューでは「(図が)自分についてのイメージに合う」「自分のイメージと一致した」と語られ，自分のイメージというものは持っていることがうかがえた。その上で，「キャラクターを使い分ける」「人から言われることと自分が考えることにずれがある」と，対極の性質を対人・社会的な役割を現すような面と自分の内面とのずれとして説明する反応を示していることが特徴的であった。例にも示したように「その部分は善と悪の部分」「外と内で使い分けるみたいな」という反応として表れている。
　この群は自ら作成した図に表れた対極の性質に対して曖昧なままにしておくのではなく，自分なりに「内と外」「表面の自分と本当の自分」といった語りを付与しておさめ，意識的に使い分けるという対処法をとって自己構成の枠を保っていると考えられる。ここでは「意味づける」「物語る」ということで，揺らぎに対処しようとしていたのであろう。

P 二面群「揺らぎにたゆたう」

【P 二面群・22歳男性の例（図6-6）】

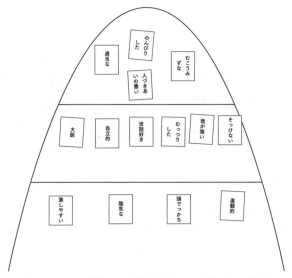

図6-6　P 二面群・図式的投影法の作成例（22歳男性）

「まとまっているものを作っていると，違和感があって，どんどん対立したものを置いていったが，その中で自分ってこういうところもあるんだなと発見していった。そうすると自分のイメージが揺らぐと思った。まとまってる感じはない。すごく動いて力動的な感じがするなと思った。」

「矛盾とか対立が多くてまとまった感じがしない。自分というものの輪郭がはっきりとは定まっていないような感じ。」

「不安定な感じがする図だけど，なるほどなと思うし自分って分かりづらいなって思う。」

TSPS と図式的投影法においても揺らぎ導入的な反応を示した群である。つまり，意識的にも無意識的にも二面的な要素を引き受ける傾向が強い群であるといえるだろう。しかし，作成した図に対して統合感や適合感を受

けにくい反応を示したことが非常に特徴的であった。
　インタビューでは「(カードを)置こうと思えば全部置ける」「カードが全部当てはまりそう」という語りや，また「変わりゆくものである」「確固たるものはない」という語りが見られ，固定的な自分のイメージというものが感じられない。こうでもあり，こうでもあるという対極の間で揺れ，しかもそれぞれがつながりやまとまりを持っているのではなく対極性や曖昧さはそのままに保持している。
　左に示した例において顕著に表れているが，「自分というものの輪郭がはっきりとは定まっていないような感じ」「自分のイメージが揺らぐ」と語るように曖昧さやばらつきを保持している状態を自ら感じて，それによって自己の枠が揺らされているようである。この群は桑原（1991）によれば構えの効果が最も弱い群であり，確固とした自己構成の枠が感じられないこととの関連性が考えられる。179〜180ページで触れた女性の事例（図6-3）もこの群に含まれる。その例においても，自分に当てはまるカードを置いていったはずが「下層は自分でもよく分かっていないもやーっとした感じ」という固定的なイメージのなさを示す表現や「場所も今見たら置き方が面白い。気が強いと気が弱いが両方貼ってある，逆なのに。今気づいた。」というような対極の要素が置かれる予期せぬ動きに肯定的に反応している点もこの群の特徴を示している。「バラっとしてるし，逆なイメージはあるけど，バランスは取れている。逆なカードが並んでいるのは面白いなと思う。違和感はないし，やっぱりあったんだというような感じ。」と対極要素がもたらす曖昧さをそのままに享受しているという揺らぎとの関わり方が垣間見える。まさに，揺らぎにそのままたゆたうような群であると考えられた。

N二面群「意識と無意識のずれに揺らぐ」
【N二面群・20歳男性の例（図6-7）】

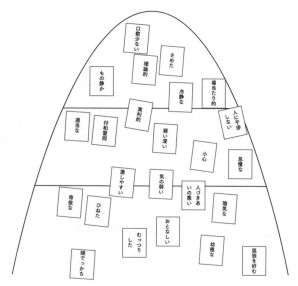

図6-7　N二面群・図式的投影法の作成例（20歳男性）

「自分を表現しようとしているが，自分の中で納得できない何かがあって気持ち悪い。これで合っているんだけどなんか変な感じがする。」
「何かが中途半端な感じ。言葉自体も何か完全ではないような感じがする。はっきりしたものが見えてくるのかと思ったが，すごくもやもやしたような感じになった。」
「やってみてすごく驚いた。受け入れられるんだけど，やっぱり何か違うというような中途半端な感じがぬぐえない。別の自分がいるのが分かっているのにそれが何か分からないから変な違和感がある。でもこれも間違いではない。」

TSPSにおいては揺らぎ導入的であるが，図式的投影法においては揺らぎ回避的な群である。つまり，潜在的には二面的であるが，意識的な方法においてはそれが現れていないということになる。そのため，インタビュー

では「何かあるはずなのに分からない」「何か変な感じがする」と自らが作った図に対して特に違和感を示すという特徴があった。N二面群は，P二面群のように対極の要素が図式的投影法の中に「現れる」ことで自己イメージの曖昧さやばらつきを感じて自己の枠が揺らぐのではなく，対極の要素が「現れない」という自らが作り上げた自己構成の枠と潜在的に持っている二面的な要素とのずれを眼前にすることによって揺らぎが生じているようである。

また，対極については「そもそも対極ではなくつながっている」という語りが見られ，N一面群のように内・外などの基準ではっきりと意味づけているという点とも，P二面群のように対極のものは対極であるとそのままを受け取る姿勢とも異なっている。この群は，対極を2つの分離したものとしてではなく非常に曖昧な形で抱えていることが特徴である。

このようにそれぞれにはっきりとした特徴をもった4群が浮かび上がってきた。あなたはどの群に当てはまるだろうか。

TSPS-Ⅱ-Rと図式的投影法

本章における調査では，TSPS-Ⅱ-Rと図式的投影法という2つのアプローチをとった。表6-8に示したように「TSPS」と「図式的投影法」における揺らぎへの態度が異なっている群が見られる(N一面群とN二面群)。これは172～173ページで触れたように，各アプローチが引き出す反応が意識的・無意識的といった違いを持っているからであると考えられる。

N一面群はふつう人格の捉え方が一面的であると見なされるため，「図式的投影法」においても揺らぎに対して回避的であると予想できるが，揺らぎ導入的という結果が得られた。これは考察のN一面群の項で触れたように，インタビューで「表と裏」「善と悪」といったような揺らぎを生じさせる対極の性質に対して，意識的に語りを付与して使い分けているような反応が得られており，この方法によって揺らぎを回避していると考えられる。

また，N二面群においては，本来対極の性質を図に入れやすい群であると予想できるにもかかわらず，「図式的投影法」においては揺らぎ回避的である。このことは桑原（1991）の中に述べられている，二面性に対する意識化の程度と受容度の議論との関連が推察できる。その中では，P側面においては確かに二面性を受容しているとした上で，N側面においては，二面的な性質に当てはまるとしたものの，そのことが受け入れられない人も数多くいたと指摘されている。このことから，N二面群は二面性の意識化の度合いが低く，形式上まとまりを意識させる図式的投影法においては，一面的反応として図を作成したと考えられる。そこで本来，自分にあるはずのもう一面について図に表れていないことへの反応として揺れが生じたと推測できる。

N群のみが，「TSPS」と「図式的投影法」において，異なる反応を示していたというのは興味深い。N群とは，自らのパーソナリティを評定するときに，望ましくないとされる形容詞を当てはめるとする傾向が高い群である。桑原（1991）の指摘するように，自己受容の度合いと関係があると思われるが，もっといえば，N群においては自らのパーソナリティに対する捉え方が意識的・無意識的なレベルで違いがあるという可能性が考えられる。本章の調査においてはそこまで明らかにできなかったが，さらに検討の余地がある。

異者が引き起こす揺らぎ

本章の調査においては，図式的投影法によって「わたし」の姿を眼前にしたとき，4群それぞれに異なる反応が引き起こされていたことが示された。図式的投影法によって，そこに表されていたものは何だったのだろうか。

この研究においては，多様な特徴や性質の中から自らが選び取って「わたし」としてのまとまりを作り上げている自己構成の枠というものを仮定し，論じてきた。図式的投影法を作成する際には，そういった自らが持っ

ている「わたし」の内容を表現してもらうという作業が行われていたが，そこで起こったのが「わたし」だとは到底思えないような要素が現れてきたり，統合されていると思っていた自分の内面が，思いのほかバラバラなものであるというような構造が示されたりするということであった。ここで，調査協力者は自らの持っていた「わたし」と，図式的投影法によって示されたものとのギャップによって，揺らぎが引き起こされることになる。ここにおいて生じていることが異者との出会いとして考えられるだろう。図式的投影法によって，自らが自明に思っていた「わたし」の姿が，途端に見知らぬような，よそよそしい姿として現れてくる。ところがそれは，他ならない自分で表現した「わたし」の姿であるがゆえに，その違和感をも含めて引き受けざるを得なくなる。その後の対処から，異者とどうやって関わっていくかという様子を見ていくことができるだろう。ここでは，これまで抱いていた「わたし」というまとまりの感覚と区別し，揺らぎを引き受けた後に語られる自分の姿や感覚について〈わたし〉として考えてみたい。

　P一面群においては，表現されたものと自ら抱いている「わたし」の感覚との間に大きな差は見られなかったが，他の3群においては，そのギャップによって生じてくる揺らぎについての対処が異なっていた。

　N一面群においては「意味づける」「物語る」ことで，新たな〈わたし〉が作り上げられる。これは，表現された新たな要素を物語ることで，〈わたし〉の中に引き受けていくような動きであると考えられる。これは心理療法の過程でもよく起こっていることだろう。これは既存の枠組みに新たな要素を組み込んでいくこととも違う。〈わたし〉が始まるその地点，セラピストに向けて語られる異者体験の生じるその地点から新たな1つの物語が生成されてくるのである。

　P二面群においては，揺らぎをそのままに引き受け，「わたし」として捉えられていたものが，より拡がりをもった〈わたし〉として感じられていたように思われる。「変わりゆくものである」「自分の輪郭が曖昧に感じられる」と語られるように，「わたし」の輪郭線が一度融解し，以前のよ

うなはっきりとした形ではなく，曖昧さを残された形で〈わたし〉が捉えられていたようであった。

　N二面群においては，P二面群において感じ取られていた〈わたし〉の拡がりが，より強烈な形で感じ取られているようであった。「何かあるはずなのに分からない」「変な感じ」という語りに見られるように，「わたし」の他に「何か」が存在することは感じ取ってはいるが，それが強い違和感として表現される。そこには，図において現れてはいないが，自分自身が思ってもみなかった様々な要素が，知らないままにつながりを持って存在しているような感覚だったのではないだろうか。「わたし」が揺り崩され，今までとは異なる〈わたし〉として拡がりを持つことに，怖さを感じていた可能性もある。こういったP二面群とN二面群の違いは，第5章で論じられた異者体験がもたらすポジティブな反応とネガティブな反応としての違いであるようにも思われる。このように見てくると，P一面群においては，ここでの方法が異者との出会いとして機能しなかった可能性も考えられるが，揺らがずに「わたし」というまとまりを保持するという異者への反応の一型としても考えられるだろう。

　このように本章での方法によって，これまで当たり前に思っていた「わたし」という存在がほんの一面であったことを突きつけられた人も少なくないのではないだろうか。そして，ここではより拡がりゆく〈わたし〉としての感覚が喚起されているような動きが起こっていたように思われる。異者との出会いは，こういったダイナミズムを引き起こすものとして考えることができるだろう。

「わたし」が存在しているという瞬間性

　本章では，「わたし」というまとまりが揺るがされるとき，人はどのようにそれに反応し，関係を取り結ぼうとするかという観点から，パーソナリティの揺らぎについて検討してきた。曖昧で対極的な要素に対して，それをそのままに受け入れたり，受け入れないという形でわたしというまと

まりを保持しようとしたり，あるいは，その曖昧さを「意味づける」「物語る」という形で，自らに引き受けていくというような関わり方がみられた。これらは，異者が突如我々の目の前に現れて来たときに，それにどう反応し，関わりを持とうとするのかということを示しているように思われる。揺らぎとは，山田（2005）のいうように新たな秩序を生み出すきっかけとなるものである。しかし，それは同時にこれまで作り上げたものが足元から崩れ去るという恐怖を生むものでもある。揺らぎとはこういった両義性を持つものである。決して，揺らがないことが強いこと・よいこと，揺らぐことが弱いこと・悪いことというような一元的な結果に終わるものではない。揺らぎながらもまとまりとしての〈わたし〉を再構成し，それを保持していくという動的な営みの中にパーソナリティが立ち現れてくるといえるのではないだろうか。

　さらにここでは，その揺らぎの原因が自分自身の中に見つけられるというような驚きや恐怖もあった。しかし，その異者との出会いによって引き起こされた体験とは，自らが選び取って構成していた「わたし」としてのまとまりが解体され，様々な要素のつながりの中で，新たな〈わたし〉として浮かび上がってくるようなものではなかっただろうか。何気なく過ごしているわたし自身がいつでも異者としてその姿を現前させる。異者との出会いの体験によって，我々のパーソナリティでさえ，星座の布置のように，今のそのまとまりを成しているものにすぎないということを感じさせられる。そして，それらは他の多くの要素を背景に持って存在しているということが感じ取られるのである。異者との出会いは，我々が〈わたし〉として存在しているということの瞬間性を大きなパースペクティヴから，様々な感情を伴って体験させてくれるのではないだろうか。

終章　"異"なるものから問われる
死・生成・境界と心理臨床

「体験される運動体」としての異者との出会い

　各章においてそれぞれの視点から異者との出会いの体験を1つ1つ深め，拡充的に取り上げてきた。そこから見えてきた異者との出会いはどのようなものであっただろうか。各章の体験はそれぞれ別の側面から異者との出会いについて迫ってきたものであったが，そこには共通するような流れが生じていたように思われる。そこで抽出されるものは，以下のようにまとめられるのだろう。

　まず，異者との出会いの体験は突如訪れ，そこから逃れることはできないということである。例えば，第1章で取り上げた《病い》の体験はまさに，自らに襲いかかるものであり，逃れることもできずに関係を迫られるものであった。また，第3章で取り上げた，クライエントの被災体験のように，図らずも自らに訪れる不意の出来事として現れる。さらに，こういった不意に訪れる出来事は，他ならない「わたし」に対して迫ってくるものであり，それはあたかも第6章で取り上げたように，自らが作り上げた「わたし」の像が異者として現れることもある。これは，異者が，自分と触れ

合わない全くの他者として存在するのではなく，中沢（2003）が示したように対称性を帯びた世界にあるということを意味しているように思われる。そのことにより，突如訪れる異者は，いわば自分の分身として現れるともいえるし，その後に起こってくる出来事を先導するものとしてやってくるのである。これらのことから，異者との出会いの体験とは「不意に訪れる出来事に，否応なしに関係を迫られる」ようなものであるといえる。

そして，第6章において検討したように，自らが持っていた「わたし」という枠組みが，堅固なものではないということが明らかになり，異者との出会いにおいては，とたんに「わたし」は崩れ去ることもしばしばある。そのときに我々は，その揺らぎをそのままに引き受けたり，はねのけたり，あるいは様々に「意味づけ」「物語る」ことで対処しようとしていくのである。

ところがそれは，どうにかその場で対処できるような揺らぎで済まされない状況も生じさせる。それは，第1章や第2章で取り上げた事例において，クライエントが「なぜわたしが」「どうして今」と容易に答えることのできない問いを発しなければならないような症状として現れてくるような状況である。ここでは，これまで自明であった，「わたし」や生きてきた世界が突き崩され，揺らぎとして感じ取られる。このような異者との出会いの体験は，これまでの「わたし」が変化することを要請するものだといえるだろう。第1章で取り上げた《病い》について，病いを抱えた時点で変容への動きは始まっているのであろう（第1章）と述べたことは，異者との出会いはそれが訪れた瞬間に変容へと続く運動までも含み込まれたものとして体験されていくことになるということを意味している。この異者の訪れは，「「わたし」や今生きている世界に大きな揺らぎを生じさせる」ものとなる。

このように，異者との出会いによって揺るがされることで，決定的な体験が生じてくる。それは，第1章で取り上げた，クライエントが夢の中で命をかけて部屋の外へ飛び出していく動きであり，第2章における「死骸」となって世界に融合していく体験であり，第4章において「わたし」の身体が消え，モノとの遭遇がなされるというような創造体験でもあった。こ

の3例においては，これまでの「わたし」の境界が消失する体験であり，それによって生きている世界，これまでの秩序が融解していくような体験であった。これらは，第1章でクライエントが「命をかけて」部屋の外に飛び出したことに表されるように，「わたし」の死を意味するのだろう。第3章においても，夢の中で自らの魂をあちら側の世界へと送ったように，これまでの「わたし」は無に還される。第4章で名和が体験していた混沌と響きの世界においては，「わたし」はそこに存在しないのである。それは，主体を自ら放棄する，というよりも放棄せざるを得ない体験であり，象徴的な死の体験でもあるといえるだろう。しかし，そこではただ絶望的な死の世界があるのではなく，主体を委ねていく大きな世界の存在が感じ取られている。ここでは「訪れる出来事，あるいは立ち現れるあちら側の世界に主体を委ね，こちらに生きていた「わたし」が一度消失する」ということが起こっていたと考えられる。

　そして，最後の局面が訪れる。「わたし」が消失するような体験をしたあと，第1章においては，超越を成し遂げることによって，新たな内と外が生じ，第2章においては身体の新たな体験とともに「いてもいいんだ」というしっかりとした存在の感覚につながっていくように思われた。また，第3章において異界が閉じられながらも，その体験が痕跡として残り続けるように，あるいは，第4章において論じられたモノが語るモノガタリの中にある〈わたし〉が現出するように，新たな地平に立つ〈わたし〉が生成されるのである。一度失われたこれまでの「わたし」や世界の境界線は，わたしを委ねた大きな世界の地平を含み込み，そこで新たに〈わたし〉や世界が生成される。これは，その前の段階において「わたし」が消失するという体験において生じる象徴的な死が，その先に生じる不離一体としての生成の過程を導いているともいえる。異者との出会いの体験とは，これまでの「わたし」の死と新たな地平を含んだ〈わたし〉の生成の運動体として考えることができるのではないだろうか。これは次のようにまとめられるだろう。「それによって，より大きな世界の地平の中に生きる，新たな〈わたし〉が生成される」。

以上の流れをまとめてみると，次のように表される。
① 不意に訪れる出来事に，否応なしに関係を迫られる
② 「わたし」や今生きている世界に大きな揺らぎを生じさせる
③ 訪れる出来事，あるいは立ち現れるあちら側の世界に主体を委ね，こちらに生きていた「わたし」が一度消失する
④ それによって，より大きな世界の地平の中に生きる，新たな〈わたし〉が生成される

　異者との出会いとは，このような流れが生じる運動体として体験されると考えられるのである。しかし，異者はその出会いの局面において，これらが体験される運動体そのものであるため，それを記述する作業というときには，すでにその体験の外側に身を置いているということになる。異者と出会い，それをまさに体験するということは，「わたし」の死と〈わたし〉の生成とが予定調和的に起こるということではない。その中に巻き込まれ，どこに行き着くかも分からないままに体験されるものなのである。それこそが，異者との出会いが運動体として考えられる点である。それでは，この異者との出会いがもたらす不離一体の「わたし」の死と〈わたし〉の生成とは，一体どのように考えることができるのか，次項で取り上げて検討してみたい。

「わたし」の死と〈わたし〉の生成――臨床性との関わり

　異者との出会いの体験においては，「わたし」の死と同時に，〈わたし〉の生成が起こっている。このような生成と不離一体の死とは果たして本当の死であろうか。生成が約束された死とは，本質を損なわれた死であるように思われる。しかし，そこには，揺らぎのもたらす恐怖や不安が示すように，体験される我々にとっては，命を賭した「わたし」の消失が生じているのである。そこでは，主体が奪われ，我々にはどうすることもできずにただ，その動きに巻き込まれるしかない。その意味では，その死の先に生成への動きが用意されていることは分かりえないのであり，死の本質は

損なわれてはいないのではないだろうか。異者との出会いがもたらす死と生成については，中沢（2003）がメビウス縫合型の世界において生と死が一体であり，そのような領域から1つの新しい生命を生みだすようなエネルギーの立ち上がりがみられることに触れていたことにも通じてくる。

本来，死とは，我々にとって触れることのできない絶対的な他者として君臨するものである。それは自らが死を体験するときは，すでに体験の主体となる自分が無くなってしまっているゆえに，永遠に触れることのできないものである。死自体に我々は触れることができない。しかし，本書で述べている異者との出会いがもたらす死は，その中に感じ取る〈わたし〉が生成されるという点で異なる視点をもたらす。いわば，事後的にこれまでの「わたし」が死を迎えたことを知り，その体験が死の体験であったことを知るのである。これは〈わたし〉が，「わたし」の死をも含み込んだ地平に立っているからこそ，可能になることでもあろう。

死に関して，ユングは，"自我の観点からすれば，死は破局である。すなわち，死とは邪悪で非常な力が人間の生命を終わらしめるものであるように，われわれにはしばしば感じられる"（Jung, 1963/1973, 邦訳2巻, p. 157）とする一方で，"他の観点からすれば，死は喜ばしいこととしてみなされる。永遠性の光のもとにおいては，死は結婚であり，結合の神秘（mysterium Coniunctionis）である。魂は失われた半分を得，全体性を達成するかのように思われる"（前掲書，邦訳 p. 158）と述べている。ここでは死のもたらす，「終わり」という暗く恐ろしい面と，結合や全体性の達成という死のもたらす豊かな「はじまり」という面が，ともに強調されている。現実の人間の命は，1回死を経験してしまえば肉体として終わりを迎えるため，死のもたらす「はじまり」の面を確認することはできない。しかし，心理臨床において「わたし」の死というものは，圧倒的なリアリティを持って成し遂げられているように思われる。それは第1章で提示した夢の命を賭した飛び出しにも見られることであろう。そのため，心理臨床においては，「わたし」の死が生じる場であると考えられるのである。

そもそも死の問題は臨床と切り離すことのできないものであり，心理臨

床の根幹をなすものではなかったか。エリクソンは，"臨床（clinical）という言葉は，かつては死の床に立ち会う僧侶の役割を意味していた。それは，身体的な苦闘が終わりを迎え，魂がその創造主との孤独な邂逅への導きが必要なときの役割である"（Erikson, 1950, p. 20）と説明する。そもそも臨床の場とは，1人の人間が迎える死に立ち会うものであったのだ。皆藤章は，エリクソンの意味する「臨床」という言葉を引きながら，"「死にゆく」ということを，現実とは異なる世界へ向かうこと"として捉えている。その上で，"「臨床」とは，人間がある世界から別の世界へ向かおうとする変容のプロセスに，現実とのかかわりを配慮しながらかかわる作業である"（皆藤，1998, p. 5）という。また大山泰宏は，"臨床性とは，素朴に構成されていた自己の自明な歴史が壊れるところからはじまる。同時にそれは，素朴に構成されていた世界や時間に関する意識が壊れることでもある"（大山，2006, p. 22）と述べる。これは，これまでの自分自身や同時に歩んできた世界観が失われるということを指している。まさに，これまでの「わたし」に死が訪れることから，臨床が始まるのである。

　異者との出会いの体験とは，「わたし」の死が意味されているものではなかったか。それは，突如「わたし」の肩をつかみ，どうすることもできないままに巻き込まれ，これまでの「わたし」のあり方，歴史，意識を委ねることで，それらも含み込んだ新たな〈わたし〉の生成ということが引き起こされていたと考えられた。異者から問いかけられているのは，その「わたし」の死をどのように迎えるかということだともいえるだろう。それを迎えることで，「わたし」の死も含み込まれた，新たな地平での〈わたし〉が生じてくると考えられる。この一連の運動を，心理臨床の場において支え，心理臨床家はともに歩まねばならないのではないだろうか。無論，河合隼雄（1967）が指摘するように，心理臨床における死と再生の過程は，肯定的な面も含んではいるが，死が危険なものであることには変わりなく，それを心理臨床家が認識しておく必要があるのはいうまでもない。

　また，この臨床は日常と深く関わっているものである。大山は，臨床性とは日常生活に裂け目がもたらされることから始まるとも表現している

（大山，2005）。そして，その臨床性とは，クライエントの日常の否定に寄り添い日常の深みに降りていくことであるという。その中で，心理療法家の仕事とは，"日常性から強烈に疎外されると同時に日常性への沈潜を始めたクライエントが，もう一度あらたな日常性を創造するまで寄り添っていくことである"（大山，2005，p. 181）と説明する。つまり，臨床においてもたらされる「わたし」の死とは，日常を生きるということと切り離せないということでもある。だからこそ，もちろんこのような運動は心理臨床の場だけに限定されることではない。日々の生活の中に訪れる新たな気づき，自分の考えが大きく揺るがされるようなショックな出来事，突然訪れる災害や病い。そこに「わたし」の死と〈わたし〉の生成という動きは常に存在している。日常に生きる我々がいつどこでとも知れない異者との出会いを体験し，考えることは非常に「臨床的」な営みなのである。ここで取り上げた，「わたし」の死と〈わたし〉の生成は，臨床的な営みであると考えられたが，死と生，あるいは日常と臨床との関わりを考えるためにも，次項で「境界」ということを取り上げてみたい。

境界への視座

前項までに取り上げてきた，「わたし」の死と〈わたし〉の生成の運動やそれが生じてくる場としての「臨床」と「日常」との関係を考える際に，大きく関わってくるものが「境界」の問題である。小松は，"「境界」の多くが，「生」と「死」の境界，あるいは「この世」と「あの世」の境界のイメージをも託されていた"（小松，2001，p. 445）といい，それを"根源的な境界"（前掲書，p. 448）と表すように，「死と生」とその境界については不可分の問題でもある。

そもそも，境界とは，あちらとこちらを隔てるものというシンプルな概念である。しかし，そこには多くの意味や表象が託されているのである。赤坂憲雄が，"かつて境界とは眼に見え，手で触れることのできる，疑う余地のない自明なものと信じられていた"（赤坂，2002，p. 13）と述べるよ

うに，前近代的な世界観において，境界とは共同体の中とその外側というものをはっきりと意味づけるものであり，それが共通意識として存在していた。それは，村や集落の内・外がはっきり存在し，人々が共同のコスモロジーの中に生きていたからであろう。そこでは，村の周辺に位置する山や海の向こうが「外」であり，その境界を知らせる標として門・道チガエ・橋・峠などが存在していたのである（赤坂，1991）。しかし，近代科学の発展により，こころと身体，自と他の区別として境界線が引かれるようになり，これまでの境界としてのあり方はかすんでいくことになる。その際に，共同体の外側としてあったものが，無意識として自己の内面に囲い込まれ，自分の内に得体の知れない未知の領域として抱えるということも生じていった。近代科学がもたらした，外側から客観的に観察するというはたらきは，ものごとを外から分節し，対象化することを可能にする。そこにおいて，境界は引かれるものとして存在していた。そして，現代においては「ボーダレス」の社会ともいわれるように，境界が消えゆき，人や物，情報があらゆる垣根を越え，行き渡る。そこでは，脳死や臓器移植などの問題にもみられるように，生と死の境界ですら不鮮明になっていく。赤坂は，現代を"のっぺりと，どこまでも陰影なくひろがる均質化された空間"（赤坂，2002，pp. 14-15）とし，"もはやあらゆる境界の自明性が喪われたようにみえる。境界が溶けてゆく時代"（前掲書，p. 13）と表している。そして，"あらゆる境界が喪われていく時代に，それゆえ，可視的な境界によって空間と時間を分節化する古さびた世界＝宇宙観が，やがて無効を宣告されようとしている時代に，境界論がひとつの有効な方法＝視座として，さまざまな知の領域で発見されつつある"（前掲書，p. 15）と述べるのである。また，河合隼雄は，21世紀は近代科学からのパラダイムの変換が必要になってくるということを述べ，境界を「領域」として見直し，その領域の探究に挑戦してゆくことが必要であるという（河合，1994）。つまり，現代という我々の生きる時代においては，これまでの境界のあり方を失っており，それゆえに新たな境界のあり方を考えなければならないということであろう。

そこで提示したいのが,「境界は生じる」という視点である。本書でたどってきた異者との出会いの体験とは,「わたし」の死と〈わたし〉の生成という運動体として考えられた。第1章においては,クライエントが夢の中で,境界を飛び出したのではなく,「飛び出した」という動きによって初めて境界が現れていた。さらに第2章では,我々と世界の界面に生じてくるものとしての身体が生じていた。そこでは,身体こそが境界として考えられるだろう。また,第3章では,体験世界に亀裂として現れたものが異界として考えられたが,この亀裂としての異界が,クライエントが体験していた解離的な世界と生々しい感情体験の世界の境界であった。第4章においては,「わたし」の消失と〈わたし〉の生成の界面という境界にこそ創造体験が潜んでいたと考えられた。そして,第6章においては,「わたし」としてのまとまりに揺らぎが生じ,新たな〈わたし〉が作り上げられる。この「わたし」と〈わたし〉の境界に現れていたのが,揺らぎであった。これらは,もともと「わたし」／〈わたし〉や,あちら／こちらというものがあり,その間に境界があるというようなものではなかった。「わたし」が失われるその瞬間に〈わたし〉が立ち現れ,同時に境界が生まれるのである。つまり境界はいつ,どこで生じても不思議はない。我々も境界域にいると第5章で述べたのはそういう意味である。もっといえば,境界という界面を中心にこの「わたし」の死と〈わたし〉の生成が起こっていたと考えられるだろう。

　先ほど触れた大山（2006）の日常性と臨床性の指摘においても,日常性と臨床性という間に境界が引かれており,双方が対比的に存在しているのではない。日常性に生きる我々に突如生じる体験として「臨床性」がある。そこに,境界が生じると考えられるのである。この意味でいえば,臨床性も日常性もどちらも実体としてあるわけではなく,臨床性を意識させられる時に初めて境界が生じており,これまで生きていた場が日常としてあったと気づく体験がなされるのだろう。

　境界について論じられる際には,とりわけその曖昧さや両義性,そしてそこから得られる豊饒性がクローズアップされ,そういった境界領域・期

間に入って，そこから出て行く，あるいはそこから帰還することで新たな人生や世界観を得るというように説明される（Turner（1969/1976）におけるリミナリティについて，日本における「ハレとケ」など）。そこでは，主体であるわたしがはじめから用意された境界領域なるものに参入し，日常の世界へ戻ってくるという二項対立的な捉え方がなされている。境界域は対象としてそこにあるということになるだろう。そこにおいては，境界は越えられる（通り抜ける）ものとして考えられている。しかし，「境界が生じる」ということは，その瞬間，その界面において「あちら」と「こちら」が切れるということこそに本質があるのではないだろうか。この捉え方においては，主体としての「わたし」が消失し，境界によって新たな〈わたし〉が浮かび上がってくる。つまり，異者と出会うことで，世界と〈わたし〉が境界によって区切られ，初めて〈わたし〉が生成されるということである。それは，世界から〈わたし〉が切り出される瞬間でもある。

　現代は境界なき時代と評され，どこまでも世界は広がりゆき，我々自身の限界すら拡大されるように思われる。そのような境界なき世界においては，中心となる自我によって選び取られた「わたし」にしがみつくということも1つの方法である。第6章の図式的投影法やインタビューによる調査でも，それを異者と呼んでいいのであれば，異者として現れた自らの姿との様々な関わり方が見られた。そのような個々の対応を否定するつもりはない。しかし，ボーダレスな時代だからこそ，異者との出会いにおいて，その境界面に初めて〈わたし〉が生じてくるということに大きな意味があるのではないだろうか。境界によって〈わたし〉が生じるという見方からすれば，〈わたし〉の中心は境界そのものにあるといっていいだろう。そして，その瞬間に，〈わたし〉によって捉えることのできる世界も立ち現れるのである。世界に境界として区切りが生じることで，〈わたし〉が生じ，その境界において〈わたし〉は世界とつながりうるといえる。ここにおいて，異者との出会いがもたらす「わたし」の死と〈わたし〉の生成が，弁証法的に新たな中心を創り出すというようなものではないということが理解されるだろう。

本書でたどってきた異者との出会いの体験とは，こちら側の世界とあちら側の世界があり，それが境界を挟んで対比的に現れるものではなかった。序章でも触れたように，二項対立的に存在する「他者」のあり方に見られるようなものではなく，異者との出会いの体験が生じることころに境界が生じ，その境界のあるところに新たな地平に立つ〈わたし〉や世界が生じてくるのである。心理臨床においては，その都度生成される境界に身を置くということを意識しなければならないだろう。

　心理臨床の場においては，意識／無意識，こころの内面としての内側／現実世界としての外側，面接室の内／外，セラピスト／クライエントなど，たくさんの二項対立が存在する。あらかじめ分けられたものとして内と外を考えることは，近代科学のパラダイムであり，それは固定化された視点があることで可能になっているものである。この見方によって，心理臨床の営みが多くの恩恵を得てきたことは否定されるべきではない。ただ，境界のあり方を考え直さねばならない現代においては，これまでとは異なる視座も必要だろう。これは喪われた境界を懐古的に求めるような視点ではなく，我々に異者が訪れるその局面に境界が現れるという新たな視点である。第2章では《身体》を世界との界面に生じる体験として論じたが，それと同じように，その都度，消えては生じる内／外，生／死，わたし／わたしでないものの界面として境界を扱っていくことが可能なのではないだろうか。その意味で，境界が生じるということは，固定化された内・外が問題になるのではなく，境界も1つの動きであり，だからこそその境界の出現に圧倒されたり，包みこまれたりするということを示しているといえるだろう。この視点に立てば，心理臨床家も境界のこちら側から，あちら側にいるクライエントを眺めるということは不可能である。それは，第3章で論じた異界が現れるその空間性に筆者も包みこまれていたということに象徴されるように，自らもその境界に包みこまれるのである。

　そして，心理臨床においては，心理臨床家がその異者との出会いをいかに迎え，そこに生じてくる動きにどれだけ委ねることができるかということが大事になるのではないだろうか。それは決して，何もしないという受

動的な態度ではなく，巻き込まれながらもそこに耐えるということである。心理臨床家は，クライエントが抱える生きることへの問いに対する答えをあらかじめ知っていて，それを提供するということはできない。心理臨床家も，クライエントが遭遇した異者との出会いの体験に投げ込まれ，どこに行き着くかも分からない道のりを進まねばならない。つまり，心理療法家が「わたし」という固定的な視点を持ち込んで，異者との出会いがもたらす動きを止めたり，生じた境界を無理に塞いだりするのではなく，クライエントとともに異者から問われることに答えようとし続けなければならないのである。

境界なき時代は，豊かな情報や便利さを我々に提供しうるが，それゆえに，自らが主体的に選び取った「わたし」という足場を持たざるを得なくなる。それが安心できる場を確保することにもなり，境界のない世界での処世術でもあるだろう。しかし，それは突如訪れる異者の前では容易に崩されうる。その後に，どのように生きていくのか，その異者の問いかけにどのように答えようとするのかということは，我々にとっての大きな課題である。だからこそ，異者の訪れを迎え，そこに生じる境界に身を委ねるすべが必要になってくる。さらにいえば，身を委ねることを支える心理臨床の場が大切になってくるのではないだろうか。これは河合隼雄のいう心理療法という仕事が為さなければならない"境界への挑戦"（河合，1994, p.177）としての，1つの試みであるともいえるだろう。

異者への不断のアプローチ

ここまで，様々な体験を取り上げながら異者との出会いをめぐって探究を続けてきた。そこでは，異者との出会いが「わたし」の死と〈わたし〉の生成という運動をもたらすものとして考えられ，そこから現代における境界の視座についても考察された。心理臨床とは，その異者との出会いがもたらす動きが生じ，それを支える場として重要な存在である。

ここまで述べてきたことは，本書における1つの成果であるが，今後の

研究課題として挙げられることを記しておきたい。本書においては，異者を実体化して論じることができないという理由から，《病い》《身体》《異界》《創造》《わたし》の５つの視点から体験を取り上げて，それぞれを拡充的に論じていく形をとった。それによって，これまで「異人」や「異界」などの具体的なレベルでしか論じられてこなかった，そこに通底する異者について浮かび上がるものを大まかではあるが取り上げて検討することが可能になった。しかし，序章においても述べたように，この５つの視点は筆者の臨床経験に導かれた直観的な部分に頼るもので，客観的な指標となりうるかどうかという点については問題がある。そういった意味では，本書全体が異者との出会いについての事例研究として位置づけられるものである。ただし，この異者については，定義が先行して論じることを拒否するものであるため，事例研究的なアプローチを今後も重ねていき，そこから浮かび上がるものをその都度抽出し，異者との出会いをより豊かに厚みのあるものとして考えていく必要があるだろう。異者との出会いとは，あくまで人間の体験や心理臨床の営みという動きの中で生じてくる現象であり，概念として固定化していくこととの間でせめぎあう形で考えていかなければならない。しかしそこでは，本書で明らかにされた異者との出会いのもたらす死と生成の運動体としての視点が，今後の指針となっていくと考えられる。

　以上，異者との出会いという途方もないものをめぐって探究を続けてきた。そこでは，決して異者が我々の手中に収まることはなかったが，我々を含み込んだ新たな地平へと導いてくれるものであった。本書では特に心理臨床という領域から異者との出会いについて考察してきたが，心理臨床はそもそも我々人間がいかに生きていくかということを対象にしている。そういう意味では，本書で辿ってきた異者との出会いは，心理臨床の場においてだけ生じるものではない。我々が生きていく中でいかような形でも異者は訪れる。そのとき「わたし」は消失することになるが，より大きなパースペクティヴにおいて〈わたし〉が生成される運動体として体験することができる。我々にはその都度新たな生がもたらされることになるだろ

う。そして，心理臨床はそこに含み込まれながらも，その動きを支える場として存在していけると信じている。

引用・参考文献

Agamben, G.（2001）. *Infanzia e storia. Distruzione dell'esperienza e origine della storia. Nuova edizione accresciuta.* Torino: Einaudi. 上村忠男（訳）（2007）. 幼児期と歴史　経験の破壊と歴史の起源. 岩波書店.

赤坂憲雄（1991）. 物語の境界／境界の物語. 赤坂憲雄（編）.〈叢書・史層を掘る〉第Ⅰ巻　方法としての境界. 新曜社. pp. 261-306.

――――（1992）. 異人論序説. ちくま学芸文庫.

――――（2002）. 境界の発生. 講談社学術文庫.

Albert, R.S. & Runco, M.A.（1999）. A History of Research on Creativity. Sternberg, R.J.（ed.）（1999）. *Handbook of Creativity.* England: Cambridge University Press. pp. 16-31.

Alexander, F.（1950）. *Psychosomatic Medicine: Its Principles and Applications.* New York: Norton. 末松弘行（監訳）（1997）. 心身医学. 学樹書院.

青木省三（2005）. 僕のこころを病名でよばないで　思春期外来から見えるもの. 岩波書店.

Aristotle（DC350頃）. ΑΡΙΣΤΟΤΕΛΟΥΣ ΦΥΣΙΚΗ ΑΚΡΟΑΣΙΣ. Ross, W.D.（1955）. *Aristotle's Physis, a revised text with introduction and commentary.* Oxford: Clarendon Press. 出隆・岩崎允胤（訳）（1968）. アリストテレス全集3 自然学. 岩波書店. pp. 44-81.

浅見克彦（2012）. 響きあう異界――始源の混沌・神の深淵・声の秘義. せりか書房.

Balint, M.（1959）. *Thrills and Regressions.* London: Tavistock Publications. 中井久夫・滝野功・森茂起（訳）（1991）. スリルと退行. 岩崎学術出版社.

Ellenberger, H.F.（1964）. La notion de Maladie. *Dialogue: Canadian Philosophical Review*, 3（1）, 25-41. 中井久夫・西田牧衛（共訳）（1999）.「創造の病い」という概念. 中井久夫（編訳）. エランベルジェ著作集2　精神医療とその周辺. みすず書房. pp. 142-161.

――――（1970）. *The Discovery of the Unconscious: The History and Evolution of Dynamic Psychiatry.* New York: Basic Books. 木村敏・中井久夫（監訳）（1980）. 無意識の発見――力動精神医学発達史（上・下巻）. 弘文堂.

Erikson, E.H.（1950）. *Childhood and Society.* New York: Norton.

Freud, S.（1895）. Studien über Hysterie. 懸田克躬・小此木啓吾（訳）（1974）. ヒステリー研究　フロイト著作集7. 人文書院.

――――（1910）. Eine Kindheitserinnerung das Leonardo da Vinchi. 髙橋義孝（訳）（1969）. レオナルド・ダ・ヴィンチの幼年期のある思い出　フロイト著作集3. 人文書院.

――――（1917）. Eine Kindheitserinnerung aus "Dichtung und Wahrheit." 髙橋義孝（訳）（1969）.『詩と真実』中の幼年時代の一記憶　フロイト著作集3. 人文書院.

――――（1917）. Vorlesungen zur Einfüehrung in die Psychoanalyse. 懸田克躬・髙橋義孝（訳）（1971）. 精神分析入門　フロイト著作集1. 人文書院.

―――――（1919）．Das Unheimliche．藤野寛（訳）(2006)．不気味なもの　フロイト全集 17．岩波書店．

福井敏（2002）．「行動化」．小此木啓吾ほか（編）精神分析事典．岩崎学術出版社．p. 135.

福岡伸一・名和晃平(2011)．対談　福岡伸一×名和晃平　生命の本質に迫る彫刻とは？．美術手帳 8　（特集　名和晃平），美術出版社．pp. 40-45.

福島章（1984）．創造性とは何か　人間の全体性の復元を求めて．馬場謙一・福島章・小川捷之・山中康裕（編）．日本人の深層分析（6）　創造性の深層．有斐閣．pp. 1－14.

Granon-Lafont, J. (1985). *La Topologie Ordinaire de Jaques Lacan*. Paris: Point hors ligne. 中島伸子・吉永良正（訳）(1991)．ラカンのトポロジー．白揚社．

Groddeck, G.W.(1925). Der Sinn der Krankheit. *Der Leuchter*, 6, 339-347. 野間俊一（訳）(2002)．第3章　病いの意味．エスとの対話――心身の無意識と癒し．新曜社．pp. 113-122.

―――――（1923）．*Das Buch vom Es*. Wein: Internationaler Psychoanalytischer Verlag. 岸田秀・山下公子（訳）(1991)．エスの本――無意識の探究．誠信書房．

浜本満（1990）．キマコとしての症状　ケニア・ドゥルマにおける病気経験の階層性について．波平恵美子（編著）．病むことの文化．海鳴社．pp. 36-66.

Hillman, J. (1983). *Archetypal Psychology*. Spring Publications. 河合俊雄（訳）(1993)．元型的心理学．青土社．

廣松渉・子安宣邦・三島憲一・宮本久雄・佐々木力・野家啓一・末木文美士（編）(1998)．岩波哲学・思想事典．岩波書店．

菱木政晴（2008）．超越的でない「超越」：専修念仏の宗教哲学．宗教研究，81(4), 1102-1103.

本多正昭（1985）．超越における上昇と下降――東西の人間観・神観の出会いのために．産業医科大学雑誌，7(3), 335-344.

市川浩（1992）．精神としての身体．講談社学術文庫．

池田彌三郎（1978）．日本民俗文化体系(2)　折口信夫．講談社．

池原陽斉（2011）．「異界」の意味領域――〈術語〉のゆれをめぐって．東洋大学人間科学総合研究所紀要，13, 49-65.

―――――（2012）．「異界」の展開――意味領域の拡散をめぐって．東洋大学人間科学総合研究所紀要，13, 33-49.

猪股剛（2009）．身体という狭間．伊藤良子・大山泰宏・角野善宏（編）．京大心理臨床シリーズ9　心理臨床関係における身体．創元社．pp. 261-279.

石井匠（2009）．モノの芸術学――創造の原点．モノ学・感覚価値研究，3, 50-59.

石川栄吉・大林太良・佐々木高明・梅棹忠夫・蒲生正男・祖父江孝男（編）(1994)．文化人類学事典．弘文堂．

岩井俊二（監督）(2001)．映画『リリイ・シュシュのすべて』(2001年10月公開)．／(2002)．

『リリィ・シュシュのすべて』(DVD)．ビクターエンタテインメント．
岩宮恵子（1997）．生きにくい子どもたち――カウンセリング日誌から．岩波書店．
―――（2000）．思春期のイニシエーション．河合隼雄（編）．講座心理療法 1　心理療法とイニシエーション．岩波書店．pp. 105-150.
―――（2009）．フツーの子の思春期――心理療法の現場から．岩波書店．
岩田靖夫（2007）．他者とことば――根源への回帰．宮本久雄・金泰昌（編）．シリーズ物語り論 1　他者との出会い Encounter with the other．東京大学出版会．pp. 209-226.
井筒俊彦・J. ヒルマン・河合隼雄（1983）．ユング心理学と東洋思想．思想，708，1-35.
Jung, C.G.（1964）．The State of Psychotherapy Today. In CW10, London, pp. 157-173.
―――（1971）．Die Transzendente Funktion. In GW4, Freiburg: Walter Verlag. 松代洋一（訳）(1985)．超越機能．ポストモダン叢書　創造する無意識．朝日出版社．
Jung, C.G. / Jaffé, A. (ed.)（1963）．*Memories, Dreams, Reflections*［原　題 Erinnerungen Träume Gedanken］. New York: Pantheon Books. 河合隼雄・藤縄昭・井出淑子（訳）(1973)．ユング自伝――思い出・夢・思想 1・2．みすず書房．
角野善宏（2000）．こころとからだの関係性．河合隼雄（編）．講座心理療法 4　心理療法と身体．岩波書店．pp. 159-199.
皆藤章（1998）．生きる心理療法と教育　臨床教育学の視座から．誠信書房．
鎌田東二（2008）．神話的時間と超越体験．横山博（編）．心理療法と超越性――神話的時間と宗教性をめぐって．人文書院．pp. 75-102.
Kandinsky, W.（1913）．*Kandinsky Album: Rückblicke 1901-1913*. 67S. Berlin: Verlag Strum. 西田秀穂（訳）(2000)．カンディンスキー著作集 4　回想．美術出版社．
姜理惠（2009）．創造性研究の歴史と展開，現代の主要理論．商学研究科紀要，68，85-97.
河合隼雄（1967）．ユング心理学入門．培風館．
―――（1991）．イメージの心理学．青土社．
―――（1994）．河合隼雄著作集 13 巻　生きることと死ぬこと．岩波書店．
―――（1997）．現代人と芸術．河合隼雄・横尾忠則（共編）．現代日本文化論 11　芸術と創造．岩波書店．pp. 229-243.
―――（2001）．「物語る」ことの意義．河合隼雄（編）．講座心理療法 2　心理療法と物語．岩波書店．pp. 1-20.
―――（2003）．心身問題と心理療法（特集　心理療法とからだ）．臨床心理学，3（1），3-12.
河合俊雄（1998a）．心理療法の歴史と重症例．山中康裕・河合俊雄（編）．境界例・重症例の心理臨床．金子書房．pp. 224-231.
―――（1998b）．病いと意味．季刊仏教，42，146-154.
―――（1998c）．概念の心理療法――物語から弁証法へ．日本評論社．

─── (1999). 第 3 章　ものの主体. 京都造形芸術大学(編). 美と創作シリーズ　現代芸術を学ぶ　失われた身体を求めて. 角川書店. pp. 22-31.
─── (2000). 心理臨床の基礎 2　心理臨床の理論. 岩波書店.
─── (2008). 心理療法と超越性の弁証法. 横山博(編). 心理療法と超越性──神話的時間と宗教性をめぐって. 人文書院. pp. 103-125.
─── (2009). 物とこころの関係──心理療法から. 2009年度第 7 回物学研究科レポート, 1-10.
川喜多二郎 (1967). 発想法. 中公新書.
─── (1970). 続発想法. 中公新書.
川戸圓 (1998). ユング心理学における〈転移〉現象──異界からみた〈転移〉現象. 河合隼雄(編). ユング派の心理療法. 日本評論社. pp. 87-99.
─── (2001).「モノ」の語りとしての妄想と物語. 河合隼雄(編). 講座心理療法 2　心理療法と物語. 岩波書店.
Kelly, G.A.（1955）. *Psychology of Personal Constructs*. New York: Norton.
見坊豪紀・金田一京助・金田一春彦・柴田武・市川孝・飛田良文(編). 三省堂国語辞典第六版. 三省堂.
木下由美子・伊藤義美（2001）. コラージュ表現における感情体験に関する一考察. 情報文化研究, 13, 127-144.
岸本寛史 (1999). 癌と心理療法. 誠信書房.
─── (2000). 癌患者の「意識」と「異界」. 河合隼雄(編). 講座心理療法 4　心理療法と身体. 岩波書店. pp. 19-65.
小松和彦 (1995). 異人論──民俗社会の心性. ちくま学芸文庫.
─── (1998). 異界を覗く. 洋泉社.
─── (2001). 境界. 小松和彦(編). 怪異の民俗学 8　境界. 河出書房新社. pp. 436-449.
─── (2002). 異界をめぐる想像力. 国立歴史民俗博物館(編). 異界談義. 角川書店. pp. 84-89.
Kris, E.（1936）. The Psychology of Caricature. *International Journal of Psycho-Analysis*, 17, 285-303. 馬場禮子(訳)(1976). 第 5 章　風刺画の心理学. 現代精神分析双書20　芸術の精神分析的研究. 岩崎学術出版社. pp. 167-187.
串崎真志 (2000). 異界の臨床心理学的意味. 国際日本研究, 1, 45-50.
─── (2001). 心理的支えに関する臨床心理学的研究. 風間書房.
桑原知子 (1991). 人格の二面性について. 風間書房.
─── (2001). 症状のもつ「意味」について. 河合隼雄ほか. 講座心理療法 7　心理療法と因果的思考. 岩波書店. pp. 73-121.
─── (2003).「自己」と「自己を超えるもの」──心理療法における Th-Cl 関係について. 現代のエスプリ　トランスパーソナル心理療法, 189-197.

Lacan, J.（1961-1962）. *Le Séminaire, Livre IX: L'identification*. Paris: Seuil.

─── （1964）. *Le Séminaire, Livre XI: Les quatre concepts fondamentaux de la psychanalyse*. Paris: Seuil. 小出浩之・新宮一成・鈴木國文・小川豊昭（訳）（2000）. 精神分析の四基本概念. 岩波書店.

Leenhardt, M.（1947）. *Do Kamo: la personne et le mythe dans le monde mélanésien*. Paris: Editions Gallimard. 坂井信三（訳）（1990）. ド・カモ──メラネシア世界の人格と神話. せりか書房.

Levenkron, S.（1998）. *Cutting: Understanding and Overcoming Self-Mutilation*. New York: Norton & Co. 森川那智子（訳）（2005）. CUTTING──リストカットする少女たち. 集英社.

Lévinas, E.（1961）. *Totalité et Infini*. The Hague: Martinus Nijhoff. 熊野純彦（訳）（2005）. 全体性と無限. 岩波文庫.

Masson-Oursel, P.（1954）. *Le yoga*. Collection《Que sais-je ?》n° 643, PUF. 渡辺重朗（訳）（1976）. ヨーガ. 白水社.

松村明・三省堂編集所（編）（1995）. 大辞林 第二版. 三省堂.

Mayer, R.E.（1999）. Fifty Years of Creativity Research. Sternberg, R.J.（ed.）. *Handbook of Creativity*. England: Cambridge University Press. pp. 449-460.

Mitchell, S.W.（1877）. *Fat and Blood: An Essay on the Treatment of Certain Forms of Neurasthenia and Hysteria*. J.K. Mitchell（ed.）. 8 th edition. Philadelphia: J.B. Lippincott Company（1911）. Project Gutenberg Online Catalog（2005）.

三宅理子（1998）. 「異界」体験としての遊戯療法過程　箱庭の世界で破壊と創造を繰り返した学校不適応の少年との心理面接を通して. 箱庭療法学研究, 11(1), 3-15.

─── （2003）. 異界と心理療法. 横山博（編）. 心理療法　言葉／イメージ／宗教性. 新曜社. pp. 245-270.

三好暁光（1992）. 第6章　文学, 芸術の分析. 河合隼雄（監修）. 臨床心理学5　文化・背景. 創元社. pp. 109-130.

水島恵一（1984）. 第3章第6節　図式的投影法──イメージ療法として. 水島恵一・小川捷之（編）. イメージ心理学2　イメージの臨床心理学. 誠信書房. pp. 115-129.

森岡正芳（2001）. 臨床心理学と宗教心理学の接点. 島薗進・西平直（編）. 宗教心理の探究. 東京大学出版会. pp. 315-333.

─── （2005）. うつし　臨床の詩学. みすず書房.

─── （2007）. 病いが語る生の姿. 宮本久雄・金泰昌（編）. 他者との出会い Encounter with the other. 東京大学出版会. pp. 33-53.

向井雅明（1988）. ラカン対ラカン. 金剛出版.

長田陽一（2005）. 心理療法における〈他者〉の問題について. 平成17年度京都大学大学院教育学研究科博士論文.

仲敦（2010）. 心の闇の諸相と心理臨床の役割. 堀尾治代ほか（著）. 心理臨床と宗教性──臨床家による多角的アプローチ. 創元社. pp. 54-80.

中井久夫（1976）．絵画療法の実際　"芸術療法"の有益性と要注意点．芸術療法，7，55-61．

―――（2004）．「創造の病い」．氏原寛ら（編）．心理臨床大事典改訂版．培風館．pp. 1279-1280．

―――（2007）．こんなとき私はどうしていたか．医学書院．

中沢新一（2003）．カイエソバージュⅣ　神の発明．講談社選書メチエ．

波平恵美子（1984）．病気と治療の文化人類学．海鳴社．

―――（1989）．「ハレ」と「ケ」――日本人における日常性と非日常性の演出．日本音響学会誌，45(2)，163-166．

名和晃平（2003）．感性と「表皮」――現代彫刻における一方法論．平成15年京都市立芸術大学大学院美術研究科博士論文．

日本心身医学会教育研修委員会（1991）．心身医学の新しい診療指針．心身医学，31(7)，537-573．

野家啓一（2001）．「理性の外部」としての異界．文學，2(6)，2-6．

野間俊一（2006）．身体の哲学――精神医学からのアプローチ．講談社．

―――（2008）．自傷と心身問題――医療の連携．臨床心理学，8(4)，497-502．

越智浩二郎（1995）．症状の意味――症状因子の基本的過程をめぐって．臨床心理学研究，32(3)，2-14．

小笠原晋也（1989）．ジャック・ラカンの書．金剛出版．

岡正雄（1994）．異人その他――他十二篇．岩波文庫．

恩田彰（1967）．創造性の研究方法．恩田彰（編）．講座・創造性の教育第Ⅰ巻　創造性の基礎理論．明治図書出版．pp. 39-54．

―――（1995）．禅と創造性．恒星社厚生閣．

大野寿子（2013）．序章　異界を超域する試み．大野寿子（編）．超域する異界．勉誠出版．pp. 5-20．

大山泰宏（2001）．因果性の虚構とこころの現実．河合隼雄ほか．講座 心理療法7　心理療法と因果的思考．岩波書店．pp. 123-165．

―――（2005）．日常の心理療法8　日常性と臨床性．こころの科学，120, 180-185．

―――（2006）．臨床心理学の歴史の臨床性．河合俊雄・岩宮恵子（編）．新臨床心理学入門（こころの科学 special issue）．日本評論社．

―――（2007）．心理臨床における表象不可能性と主体をめぐる考察：イメージと語りの否定から．平成18年度京都大学大学院教育学研究科博士論文．

―――（2009）．心理臨床関係における新たな身体論へ．伊藤良子・大山泰宏・角野善宏（編）．京大心理臨床シリーズ9　心理臨床関係における身体．創元社．pp. 13-20．

折口信夫（1955）．折口信夫全集第8巻　ものゝけ其他．中央公論社．pp. 313-321．

―――（1929）．古代研究　第一部民俗学篇第一．／（2002）．古代研究Ⅰ――祭りの

発生（中公クラシックス）．中央公論新社．
坂部恵（1983）．「ふれる」ことの哲学．岩波書店．
Sartre, J.-P.（1943）．*L'Être et le néant*．Paris: Gallimard. 松浪信三郎(訳)（2007）．存在と無 現象学的存在論の試み 1・2・3．ちくま学芸文庫．
佐々木宏幹（2001）．異界と人界のあいだ(特集 増殖する異界)．文學，2(6), 7-10．
Schutz, A.（1964）．*Collected Papers II, Studies in Social Theory*. Dordrecht: Kluwer Academic Publishers. 桜井厚(訳)（1980）．現象学的社会学の応用．御茶の水書房．
柴田元幸（2004）．ナイン・インタビューズ 柴田元幸と9人の作家たち．アルク．
Simmel, G.（1908）．Exkurs über den Fremden. *Soziologie: Untersuchungen über die Formen der Vergesellschaftung*. Berlin: Duncker & Humblot Verlag. 丘澤静也(訳)（1976）．よそものの社会学．現代思想，6, 104-109．
Sontag, S.（2001）．*Illness as Metaphor and AIDS and Its Metaphors*. New York: Farrar, Straus and Giroux. 富山太佳夫(訳)（2006）．隠喩としての病い エイズとその隠喩．みすず書房．
Sternberg, R.J. & Lubart, T.I.（1996）．Investing in creativity. *American Psychologist*, 51, 677-688．
Storr, A.（1972）．*The Dynamics of Creation*. London: Martin Secker & Warburg Limited. 岡崎康一(訳)（1976）．創造のダイナミックス．晶文社．
孫媛・井上俊哉（2003）．創造性に関する心理学的研究の動向．*NII Journal*, 5, 65-73．
Sylvester, D.（1975）．*Interview with Francis Bacon*. Aitken: Stone & Wylie Ltd. 小林等(訳)（1996）．肉への慈悲 フランシス・ベイコン・インタヴュー．筑摩書房．
小学館国語辞典編集部（2000）．日本国語大辞典 第二版 第2巻．小学館．
田中康裕（1995）．心理療法過程における「内なる異界との交通」――極度の対人緊張を訴えて来談した青年期男性の一事例から．心理臨床学研究，13(1), 85-96．
龍村修（2001）．生き方としてのヨガ．人文書院．
床呂郁哉・河合香吏編（2011）．ものの人類学．京都大学学術出版会．
鶴真一（1998）．レヴィナスの他者論．発達人間学論叢，1, 99-105．
Turner, V.W.（1969）．*The Ritual Process: Structure and Anti-Structure*. New York: Cornell University Press. 冨倉光雄(訳)（1976）．儀礼の過程．思索社．
梅村高太郎（2008）．身体化の心理療法――心身症概念の批判的検討を通して．京都大学大学院教育学研究科紀要，54, 437-449．
――――（2011）．心理療法過程における身体の否定 喘息・音声チックなどのさまざまな身体症状を呈した低身長男児とのプレイセラピー．心理臨床学研究，28(6), 787-798．
内海健（2006）．うつ病新時代 双極II型障害という病．勉誠出版．
―――（2008）．うつ病の心理 失われた悲しみの場に．誠信書房．
若森栄樹（2001）．ありえないものの痕跡――異界と物語．文學，2(6), 193-203．
鷲田清一（1997）．他者という形象――《ヘテロロジー》素描．実存思想協会(編)．実存思想論集XII 他者．理想社．pp. 5-35．

渡辺雄三（2006）．夢が語るこころの深み――心理療法と超越性．岩波書店．
Weizsäcker, V. von（1988）．*Der kranke Mensch. Eine Einführung in die medizinische Anthropologie.* Frankfurt am Main: Suhrkamp Verlag. 木村敏（訳）（2000）．病いと人――医学的人間学入門．新曜社．
Winnicott, D.W.（1971）．*Playing and Reality.* London: Tavistock Publications Ltd. 橋本雅雄（訳）（1979）．遊ぶことと現実．現代精神分析双書第Ⅱ期第4巻．岩崎学術出版社．
山愛美（2000）．内的世界における「異界」との関わりについて．箱庭療法学研究, 13(1), 15-28.
――――（2001）．「造形の知」と心理療法 ある造形作家の一連の作品にみるイメージの変容．心理臨床学研究, 18(6), 545-555.
山田剛史（2005）．システム論的自己形成論――複雑系とオートポイエーシスの視点から．梶田叡一（編）．自己意識研究の現在2．ナカニシヤ出版．pp. 183-202.
山口昌男（2000）．文化と両義性．岩波現代文庫．
山口素子（2001）．心理療法における自分の物語の発見について．河合隼雄（編）．講座心理療法2 心理療法と物語．岩波書店．pp. 113-152.
山中康裕（1999）．心理臨床と表現療法．金剛出版．
――――（2002）．山中康裕著作集3 たましいと癒し 心理臨床の探究1．岩崎学術出版社．
――――（2004）．「創造的退行」．氏原寛ら（編）．心理臨床大事典改訂版．培風館．p. 1051.
山下博司（2009）．ヨーガの思想．講談社メチエ．
柳田國男（1929）．日本の傳説．アルス．
矢野正晴・柴山盛生・孫媛・西澤正己・福田光宏（2002）．創造性の概念と理論．*NII Technical Report,* NII-2002-001J, 1-60.
安田登（2011）．異界を旅する能――ワキという存在．ちくま文庫．
Yogeshwaranand Saraswati, S. S.（1970）．*First Step to Higher Yoga.* India: Yoga Niketan Trust. 木村慧心（訳）（1987）．実践・魂の科学 前五段階のヨーガ行法 全ポーズ写真解説．たま出版．
横地早和子・岡田猛（2007）．現代芸術家の創造的熟達の過程．認知科学, 14(3), 437-454.
吉福伸逸（1990）．生老病死の心理学．春秋社．
Zimbardo, P.G.（1980）．*Essentials of Psychology and Life.* 10th Edition. Glenview, IL: Scott, Forseman and Company. 古畑和孝・平井久（監訳）（1983）．現代心理学Ⅱ．サイエンス社．

初出一覧

　本書は2013年3月に京都大学大学院教育学研究科に提出した博士論文「"異"なるものをめぐる心理臨床学的探究」をもとに大幅な改稿を行ったものである。また，各章の内容の一部は以下の論文として発表をしている。

第1章　「「他者」と「異者」――異者の心理臨床学的意味」『京都大学大学院教育学研究科紀要』第59号，2013年，347-359頁
　　　　「病いにおける他者性と同一性――超越と変容のダイナミクス」『京都大学大学院教育学研究科紀要』第58号，2012年，221-231頁

第3章　「「リストカットをやめたい」と訴える20代女性との面接過程――「現実」の地に足をつけて生きること」『京都大学教育学研究科心理教育相談室紀要』第39号，2013年，120-128頁

第5章　「主体における"異"なるものについての考察――境界がもたらす生命感をめぐって」平成21年度京都大学大学院教育学研究科修士論文

第6章　「パーソナリティにおける揺らぎの様相」『心理臨床学研究』第28巻3号，324-335頁

あとがき

　"異"なるものの世界からようやく現実に帰還してきた。心地よい疲労感と不気味でみずみずしい世界の余韻を残しながらも，ひとまずこの旅路の扉を閉じることにしよう。

　本書は，京都大学教育学研究科に提出した博士学位論文をもとに再構成してまとめたものである。はじめに，この場を借りて感謝の気持ちを示したい。

　まず，キョウカさん，マミさん，トウコさんとの出会いなくして，筆者の中の"異"なるものは育まれはしなかっただろう。事例の掲載を快く許してくださり，また心理臨床の面接という人生のある一時をともに歩んだ3名のクライエントには心より感謝申し上げたい。もちろん，ここには掲載しなかったクライエントの方々との出会いからも，多くの示唆を与えていただいた。また，多くの方の調査への協力なくしてこの研究は成り立たなかった。調査協力者の方々の大切な体験を提供していただき，その度に多くの発見と驚きに満ちた体験をこちらもさせていただき大変ありがたく思う。

　さらに，こちらの突然の申し出にも関わらず，快く時間を割いてインタビューに応じて下さり，表紙をはじめ多くの画像を提供して下さった現代彫刻家・名和晃平さん（SANDWICHディレクター，京都造形芸術大学大学院芸術研究科准教授）にも心より感謝申し上げたい。名和さんや作品との出会いは筆者にとって常に"異"なるものを突きつけられる体験であった。

　さて，本書は"異"なるものとの出会いがテーマである。いつのまにか思いもよらないようなテーマにたどり着いた気がしていたが，振り返ってみると不思議とその道は一本道であったかのように感じられる。たくさんの寄り道をしてきたような研究と臨床の大学院生活であったが，博士論文が1章ずつ出来上がっていくたびに，「そうか，あれはそういうことだったのか」と1つ1つの体験がパズルのピースのように気持ちよくはまって

いくような不思議な感覚がそこにはあった。そもそもの出発点は筆者自身の小さな"異"なるものとの出会いの体験――それはこの世界が目に見えないもっと大きな存在に動かされているのではないかというようなひらめき――であった。まだ小学校高学年だった筆者にとってその体験は，見えている世界が一変するような，ある意味絶望的な体験だった。しかし，それと同時に自分が信じていた世界を凌駕するもっと大きな「なにか」の存在をどことなく感じるほっとする体験でもあった。成長のときどきにその体験を思い出し，筆者の"異"なるものはその都度，新たな意味と生き生きとした感触を残していってくれた。そして気づけば，はっきりとした軌跡を残しながらここにたどり着いていたというのが正直な思いである。その軌跡の一端が，"異"なるものを様々な方向から見つめ，考えるという本書のスタイルによく表れているのではないかと思う。おそらくこれからもその営みは続いていくのだろう。しかし，本書の試みは，まだまだ未熟な点も多くあった。多くの方のご批判・ご叱責をいただき，新たな"異"なるものと巡り会いながら，臨床に研究に精進していきたい。

　本書が1つの形を成すまでに学部時代より長年に渡り，ここまでの道のりを共に歩んでくださった桑原知子先生（京都大学大学院教育学研究科教授）には大変感謝している。臨床においても，研究においても桑原先生からは多大な影響を受けている。また，いつも心が沸き立つような彩りのあるご示唆をいただいた大山泰宏先生（京都大学大学院教育学研究科准教授）にもお礼申し上げたい。大山先生の深い知識と驚くような視点によって研究，臨床にわたり多くの助けをいただいた。博士論文の副査を担当いただいた松木邦裕先生（京都大学大学院教育学研究科教授）にもお礼申し上げる。松木先生にいただいたお言葉は筆者の中でこれから取り組むべき大きな課題として残っている。

　本書の刊行にあたっては平成26年度京都大学総長裁量経費・若手研究者出版助成事業による補助を受けている。刊行にあたり京都大学学術出版会・鈴木哲也さん，福島祐子さんには心理臨床の領域以外の新たな視点をたくさんいただいた。また，デザイナーの谷なつ子さんにも言葉にならな

い筆者の思いやこだわりをデザインや色彩，紙の素材等を通して表現していただいた。これも筆者にとって1つの"異"なるものとの出会いであった。ここに記して感謝申し上げたい。

　最後に，怪しげで意味の分からない"異"なるものの世界に没頭しがちな私を，いつも支え，温かく見守ってくれた夫と両親に感謝の気持ちとともに本書を捧げたい。

2014年師走

田中崇恵

索　引

事　項

[あ行]

アウトマトン αύτόματον（自己偶発）　48
アクティング・アウト　108
異界　4, 7, 43, 76, 98
異者　3, 4, 9, 26
　異者体験　138, 157
　異者体験尺度　138
　異者との出会い　3, 8
畏縮・弧絶感　143
異人　2, 7
異世界　13, 76, 88, 98
一神教　24
"異"なるもの　3
イヨマンテ（熊の霊送り）　96
インファンティア（infantia）　133
運動体としての〈わたし〉　130
N一面群　178, 189, 195
　N一面群の作成例　188
N二面群　178, 192, 196
　N二面群の作成例　192
オクノフィリア（ocnophilia）　63

[か行]

界面　68, 129, 207
解離症　87, 89
拡充（Amplifikation）　10
休息のポーズ　70
境界　163, 205, 208
恐怖　5, 31, 87, 143, 166, 197, 202
亀裂　95, 99, 135, 166, 168
元型的心理学　10
個性化の過程　107
コンステレーション（付置）　34, 94

[さ行]

自我による自我のための退行（regression in the services of the ego）　107, 127
自己構成の枠　171
自傷症　87
質問紙調査　140, 150, 174
シャバ・アサナ（Shavasana）　73
象徴的な死　45, 201
衝動　116
事例研究　14, 109, 211
心身一元論　55
心身二元論　53, 57
心身三元論　56
心身症　55
身体　12, 51
身体性　124, 129
心理療法　2, 6, 53, 132
心理臨床　2, 30
　心理臨床の場　8, 48, 209
　心理臨床の方法論　9
図式的投影法　173, 178
精神分析　4, 54
生命感・希求　143
世界との一体感　141
双極Ⅱ型障害　61
造形の知　109, 127
創造性　104
創造の病い　107
素材を開く　119, 123

[た行]

体験　4, 8-10, 49, 57, 83, 109, 110, 199
体験質問紙　178, 179

他界　77, 78
他者　7, 21
他者性　32, 36, 41
多神教　29
魂　55
超越　36, 42-45, 78, 82, 143, 156
TSPS（Two-Sided Personality Scale）　169
　　TSPS の評定形式　170
　　TSPS-Ⅱ-R　174
テュケー τύχη（偶運）　48
同一性　36, 38
トーラス　23
ドローイング　124, 128

[な行]
ニライカナイ　28

[は行]
パーソナリティ　110, 168, 196
パーソナル・コンストラクト理論
　　（Personal Construct Theory）　171
箱庭（療法）　6, 80
P一面群　178, 188, 195
　　P一面群の作成例　187
P二面群　178, 190, 195
　　P二面群の作成例　180, 190
表皮　112, 131
フィロバティズム（philobatism）　63
不気味なもの　4, 140
プレイセラピー（遊戯療法）　67, 80
文化人類学　2
変容　29, 45, 59, 97, 200
豊饒性　13, 28, 43, 103, 152

本質的に出会い損なったものとしての出
　　会い　23, 49

[ま行]
まれびと　2, 26
民俗学　2, 6, 77, 78
無意識　7, 80, 107, 172, 206
メビウス縫合型　28
面接調査　112, 140, 152, 157-159
モノ　121
物語　120, 121, 132
物語の排除　118, 129, 132

[や行]
病い　19, 30-36, 41
　　病いの意味　31, 34, 40, 44, 45
夢　6, 19, 38, 40, 93, 96
揺らぎ　131, 169, 170, 197, 200
ヨガ　64, 65, 67, 70, 72

[ら行]
来訪神　3, 28
リストカット　84, 85, 88, 92
両義性　5, 12, 36, 140, 197, 207
『リリイ・シュシュのすべて』　92, 93
臨床心理学　2, 6
臨床性　204, 207

[わ行]
「わたし」の死と〈わたし〉の生成　201,
　　202
「わたし」の揺らぎ　174

人 名

[あ行]
赤坂憲雄　26, 27, 79, 153, 205, 206
アガンベン（Agamben, G.）　132
アリストテレス（Aristotle）　48
アレキサンダー（Alexander, F.）　54
ヴァイツゼッカー（Weizsäcker, V. von）　34
ウィニコット（Winnicott, D.W.）　108
エリクソン（Erikson, E.H.）　204
エレンベルガー（Ellenberger, H.F.）　107
折口信夫　2, 26, 77, 121

[か行]
河合俊雄　9, 32, 35-37, 43, 54, 55, 120, 135
河合隼雄　46, 53, 57, 108, 132, 206, 210
ギルフォード（Guilford, J.P.）　105
クリス（Kris, E.）　107
グロデック（Groddeck, G.W.）　34
ケリー（Kelly, G.A.）　170
小松和彦　2, 27, 43, 75, 78, 79, 163, 165, 205

[さ行]
サルトル（Sartre, J.-P.）　51

シュッツ（Schutz, A.）　27
ジンメル（Simmel, G.）　27
ソンタグ（Sontag, S.）　31

[な行]
中沢新一　24, 28
名和晃平　111

[は行]
バリント（Balint, M.）　63
ヒルマン（Hillman, J.）　10
フロイト（Freud, S.）　4, 33, 53, 107

[や行]
ユング（Jung, C.G.）　35, 107, 203
山口昌男　26, 130, 154

[ら行]
ラカン（Lacan, J.）　23, 49
レヴィナス（Lévinas, E.）　23, 25
ロンブローゾ（Lombroso, C.）　105

著者略歴

田中　崇恵（たなか　たかえ）

1984年生まれ。2008年京都大学教育学部卒業，2010年京都大学大学院教育学研究科修士課程修了，2013年同博士後期課程修了（博士（教育学））。臨床心理士。現在，東京大学学生相談ネットワーク本部学生相談所助教。専門は臨床心理学。
主な論文に「パーソナリティにおける揺らぎの様相」（『心理臨床学研究』第28巻3号，pp. 324-335），「"異"なるものとの出会いとしての臨床性」（皆藤章・松下姫歌編『京大心理臨床シリーズ〈10〉 心理療法における「私」との出会い　心理療法・表現療法の本質を問い直す』創元社，2014）など。

（プリミエ・コレクション54）
"異"なるものと出遭う──揺らぎと境界の心理臨床学

2015年3月31日　初版第一刷発行

著　者	田　中　崇　恵
発行人	檜　山　爲　次　郎
発行所	京都大学学術出版会
	京都市左京区吉田近衛町69
	京都大学吉田南構内（〒606-8315）
	電話　075(761)6182
	FAX　075(761)6190
	URL　http://www.kyoto-up.or.jp
	振替　01000-8-64677
印刷・製本	亜細亜印刷株式会社

© Takae Tanaka 2015　　　　　　　　　　　　　Printed in Japan
ISBN978-4-87698-368-1　　　　　　定価はカバーに表示してあります

本書のコピー，スキャン，デジタル化等の無断複製は著作権法上での例外を除き禁じられています。本書を代行業者等の第三者に依頼してスキャンやデジタル化することは，たとえ個人や家庭内での利用でも著作権法違反です。